教育发现

EDUCATION DISCOVERY · EDUCATION DISCOVERY · EDUCATION DISCOVERY · EDUCATION DISCOVERY · EDUCATION DISCOVERY · EDUCATION DISCOVERY · EDUCATION DISCOVERY · EDUCATION DISCOVERY · EDUCATION DISCOVERY · EDUCATION DISCOVERY · EDUCATION DISCOVERY · EDUCATION DISCOVERY · EDUCATION DISCOVERY · EDUCATION DISCOVERY · EDUCATION DISCOVERY · EDUCATION DISCOVERY

JIEDU XIANDAI KETANG CHANGSHI YU XINGDONG

问道课堂 II

解读现代课堂
常识与行动

郭瑞 梁恕俭 主编

山东文艺出版社

课堂之道在学

——为《问道课堂Ⅱ》序

课改到底要改什么？

刨根问底，真正的争论其实是围绕"改技术"与"改观念"而引发的。

在保守者看来，课堂如果推倒重构，显然是鲁莽和不科学的，他们的建议是可以适当调整改进教学手段和课堂结构，但离开教师的传授和表演，既无法教会学生，更无法展现学科的魅力。事实上，在真正的课改人看来，这样的改良无疑是在重走曾经失败的老路。

在改革者看来，改良即便能对课堂效益的提升有所帮助，但仍然无法满足对学生的学习能力、情感态度、精神成长等更有意义和价值的追求，而至于是教会还是学会的问题，则无需争议，因为课堂教学的一切都应该是基于围绕学、设计学、服务学。他们把"学"空前上升到一个从未有过的高度上去认识、研究和推崇，并以此来建构他们的课堂学和教育学。在他们的新课堂建构里，改造观念成为他们推动这场教育变革的核心和关键，离开了新课堂的再造，什么样的改良都不可能从根和本上解决真正制约教育教学发展的问题。

改革者试图从根本上为自己的衔枚疾进找到坚实的支撑。一方面，他们找到了一大批长于行动研究的案例学校，诸如山东杜郎口中学、江苏昆山前景教育集团、河北围场天卉中学、陕西宜川中学、河南郑州102中学、辽宁沈阳立人学校……雄辩的事实告诉我们,唯有改革才能发展;另一方面,他们又尝试性构建自己的"学理",即对基于课堂教学之"道"的探究,到底是教为本、学为辅,还是学中心、教为辅?"教本"与"学本"彼此的教育思想和观念支撑又是什么?

其实,如果我们能够有一双慧眼,应该看到课堂的两大支撑:一、它是教师教育教学思想和观念的具体呈现;二、它包含了教师对学生生命成长方式的认知。因而,不同形态和内容的课堂,凸显出来的是教师不同的思想和观念。在改革者看来,"学本"课堂的支撑是"人本"的教育思想。因而,课堂与其说是在调整结构、改进方式方法,不如说是为了让教育回到"人学"上,从儿童出发,遵从儿童的学习天性、情感特点和认知规律,放手发动自学,让课堂呈现"知识的超市、生命的狂欢"。在这样的框架下研究教与学的技术,无疑是在尝试把"道"与"术"的贯通结合,当然,这仍然难免遭受有些人的质疑,好在正有越来越多的教育同道正在追求课堂的质变,追求教育的人文和道德价值,我们有理由相信,曾经的课改星火,正在燎原着整个中国教育。

课堂之道在"学",那么,如何围绕着这个核心价值来建构、组织、评价新课堂呢?相信这本书就有了它的价值。

这本《问道课堂Ⅱ》是我们推出的第二本课堂"新"书。之所以说它"新",是因为它承载着我们对教育的主张和解读、期望和梦想。两年来《现代课堂周刊》作为《中国教师报》的一张名片,它在广大读者中享有美誉,被称为"课改说明书",很多学校每周的教科研活动,都是围绕着《现代课堂周刊》"学、研、用、评"展开的,说它在很大程度上"领导"着当下某些地区、学校的课改,并不为过,也颇让我们欣幸。

《问道课堂Ⅱ》是《现代课堂周刊》的"选秀"版本,配得上"精益求精"这个词。作为一家把教育当做"信仰"的国家级媒体，我们的期望是用课改来改变教育，我之所以要作序，实在是因为这本书花费了我们的心血，我觉得值得一读！

李炳亭

2012 年 3 月于北京

目　录

第一章
捍卫学生的课堂权益

　　课堂是学生的生命体验场，他们在课堂中发展自我、成就他人。从这个意义上说，课堂又是一个"微社会"，因此，学生理应在课堂中享有基本的权益。但是，在捍卫学生权益之前，教育者首先要厘清学生应当拥有哪些权利，只有权利行为的实现，才能保障权利带来的利益。当新课程理念倡导以生为本、学生第一的时候，尊重并保证学生的自主学习权、展示权、心理安全权、快乐权、民主权等，便是教育的必然。

你的课堂"还权"了吗

　　课堂作为教育的主阵地，本质追求直指"育人"与"高效"，即让学生在最短的时间得到最大的收获。现代课堂应该跳出传统意义上的主导与主体之争，首先要把原来教师的教学目标转变为学生的课堂学习目标，教师的教学方法转变为学生的学习方法，教师的教学效果转变为学生的学习效果。

对话嘉宾
赵丰平　山东省昌乐县第二中学校长
付秀娟　江苏省昆山前景教育集团总校长
孙道斌　山东省菏泽市牡丹区教研室教研员
王顺萍　河南省尉氏县西关小学教师
对话主持　郭　瑞

课堂以个体发展为本

　　课堂的本质追求与课程的本质追求是一致的，是学生的自由发展、学生的公民意识和民主思想的体现，是学生的合作精神、学习能力、科学探究能力的自我养成。

郭瑞：我们说，教育的本质不是对知识的猎取，而是对人的成全，教育即解放。那么我们对于课堂的本质追求是什么？

付秀娟：教育的终极目的是让每一个人都能健康地生活和发展，都能得到幸福与快乐。课堂作为教育的主阵地，本质追求直指"育人"与"高效"，使学生在最短的时间得到最大的收获，从而使学生体验学习快乐，教师享受职业幸福。

赵丰平：我认为课堂的本质追求体现在三个方面。

第一，学生的主体地位与教师的主导地位。一定要把学生推到前台，教师退到后台。课堂是学生学习的天堂。但是没有主导的主体，会没有方向，没有效率，也会缺少方法。同时，只有主导而没有主体，主导便毫无价值。

第二，课堂是学生智慧与思维成长的天堂。课堂应该是孩子自由汲取知识，自由发表见解的地方。学生与学生之间要有思想的碰撞，生成新的智慧。

第三，就目前教育发展的阶段而言，课堂要有一定的组织形式，即模式。模式的作用是对学生自主、合作、探究学习的规范和引领。

王顺萍：课堂的本质追求与课程的本质追求是一致的，是学生的自由发展、学生的公民意识和民主思想的体现，是学生的合作精神、学习能力、科学探究能力的自我养成。课堂是学生学校生活的一个重要内容，是学生追求自我学习、自我教育、自我发展的人文环境，是体现人的自由、个性，体现集体的民主理想的人文环境，是一种实现以人的个体发展推动社会文明进步的国民素质教育的人文环境。

主体离不开主导，高效是主体的高效

课程观念指导下的主导和主体的关系演变为师生从主宰与服从关系到服务与服务对象关系的转变。

郭瑞： 谈论课堂的本质，我们刚刚提到了几个关键词：高效、主体、主导。请问各位，在课堂中"主导与主体"、"主体与高效"之间是怎样的关系？

赵丰平： 教育这个词的英文前缀"edu"是"引出、导出"的意思，不是"培养和教育"的意思，所以，教师不能代替学生思考。教学，就是教着学生自己去学。学习是学生自己的事情。教师不是工程师，而是学生在成长道路上起引领作用的导师。教师要做的是引领学生认识客观事物，引领学生学会研究、合作和创造，引领学生学会思维、学会学习、学会价值判断。陶行知先生说过，做的法则决定学的法则，学的法则决定教的法则。我把它改成，做的法则决定学的法则，学的法则决定导的法则。导、学、做，三位一体。这个道理就好像让学生学骑自行车一样，如果教师总是握着车把，学生是学不会骑车的。只有当学生在跌倒中体验，才能学会骑车。

高效是主体的高效。主导的作用是引导着主体高效学习。离开主体谈高效，那就是无源之水，无本之木。

付秀娟： 课堂中"主导与主体"缺一不可，相辅相成。要实现课堂的高效，就要发挥师生在教学中的主动性和创新性，实现"主导与主体"的和谐。教师的使命就在于恰到好处地指导、启发学生从无知到有知，从茫然困惑到豁然开朗，循序渐进地发展思维、提高能力。教师要导趣、导思、导言、导法。学生是教学过程的主体，谁也不能代替。教师在教学中要因"学"施"教"，以"教"导"学"，充分发挥学生的主体作用。学生的主体地位要体现在学、展、评等行动中。

高效课堂，无疑应该是在教师的主导作用下，使学生的主体作用得到最大限度的发挥，如此才能称为高效。要以学为主，以学评教。简言之，"主体与高效"成正比关系，在授课内容等教学因素不变的前提下，主体作用发挥得越好，课堂越高效。要处理好"主体与高效"的关系，教师的主导作用不可忽视。"教是为了不教"，教学过程中教师该扶则扶、该放则放，才能实现教师"主导"和学生"主体"的和谐。

王顺萍：新课改的核心价值是教师与学生角色地位的转变，教与学方式的转变，乃至课堂效果评价方式的转变等等，应该是一次革命性、颠覆性的变革。因此，现代课堂应该跳出传统意义上的主导与主体之争，首先要变革的是原来教师的教学目标转变为学生的课程学习目标，教师的教学方法转变为学生的学习方法，教师的教学效果转变为学生的学习效果。这样，新课程观念指导下的主导和主体的关系演变为师生从主宰与服从关系到服务与服务对象关系的转变。不再是师生知识水平和课堂上地位作用之争，而是学生作为学习的主人，角色意识和民主思想的回归统一。

开放课堂，还学生主体地位

教师的指导和服务能成为有助于学生自由发展的一种科学有效的指导，而不是服从于某一个统一的培养目标而控制甚至误导学生的工具。

郭瑞：我们谈了多少年学生主体，教师主导，但是很多一线教师仍然对如何落实学生主体感到茫然。

王顺萍：新课程标准强调，学生是学习的主人，课堂不再是教师主演的舞台。学生首先要体现为真正学习的主人，自主学习，学生与学生之间充分地合作、探究，不再受教师教学目标、教学效果评价的控制。教师的指导和服务能成为有助于学生自由发展的一种科学有效的指导，而不是服从于某一个统一的培养目标而控制甚至误导学生的工具。这样学生的主体地位既能上升为学习的主人，又不被教师的主导目标所控制，学生的学习主观能动性和主人翁地位便得以充分发挥和体现。

付秀娟：落实学生的主体地位，一定要调动学生的积极性，培养学生的"三感"，使学生真正"自主"起来。首先，使学生有安全感。教师要尊重学生，充分听取学生的心声，多走近孩子了解其内心需求，建立平等和谐的师生关系。其次，使学生有成就感。孩子是很容易满足的，当自己被集体需要时，当自己的观点被同伴认可时，当把自己的劳动果实与大家分享时，成就感都会油然而生。教师要做的就是给学生提供展示的平台与交流的机会，一定要让学生"动"起来，参与实践。学生只有通过自己的努力获得的果实才更加香甜。再次，使学生有快乐感。快乐不光体现在分享劳动成果之时，更重要的是体现在学习过程中，尽可能让学生按自己的意愿选取学习方式，尽可能关注到每一个孩子，使大家都学有所得。

赵丰平：其实两位所说的，我总结四个字就是：开放课堂。让学生学习自主，管理自主。

阿基米德说：给我一个支点，我就能撬起整个地球。我要说：给"90后"的孩子一个支点，他能把整个宇宙掀翻。"90后"孩子开放、自信、大胆，他们身上的这些普遍特质，是课堂主体落实最好的软资源。

另外一点就是让学生自主管理。把研究权和评价权都交给学生，让学生成为教育创新的主体，促进学生自我设计、自我管理、自我发展，让学生快乐成长，全面协调发展。

优化教学结构，使学生成为主人

新课程理念指导下的学生自主、合作、探究成为体现主体理念最好的教学呈现形式。

郭瑞：主体理念与教学呈现形式如何对接？

王顺萍："学生是课堂学习主人"的理念使得我们的课堂教学形式变得十分清晰，就是学生成为课堂的主宰，教师是课堂的参与、辅助与服务者。新课程理念指导下的学生自主、合作、探究成为体现主体理念最好的教学呈现形式。课堂的生命在于学生的主人意识和学习兴趣的萌发，学生生命意识的觉醒和学习创造能力的爆发来自于内心对生命和学习的渴望。孩子强烈的生命力和学习创造能力会不断地付诸他的每一点触手可及的生活体验中。学生主体理念在课堂上的实现关键在于教师主体意识的淡化和角色地位意识的转变，没有了教师忘我的表演和控制性的主导，学生就有权利自主学习，有效合作，自由探究，课堂才能真正成为学生的学堂，个性发展的舞台。

孙道斌：注重学习策略教学，指导学生进行自我监控。一是传授给学生一般性的学习策略，包括目标设置、计划、自我监控、复习等使学生掌握基本的学习方法，适应中学阶段的学习。教师特别需要注意制订学习时间计划，帮助学生学会管理自己的学习时间。二是给学生指明策略的使用条件和范围。三是向学生申明策略使用与努力的关系，使学生明白即便使用学习策略也不一定确保学习成功，要获得成功必须付出努力。

优化课堂教学结构，使学生成为学习的主人。在课堂教学模式中，从强化学生主体地位、培养学生自主学习能力的角度出发，对传统课堂教学结构进行探索，结合学科特点，创造和运用多种多样的教学方式，充分发挥学生作为课堂教学主体的作用。主要的教学方式有情境式、尝试式、讨论式、探究式、实践运用、模拟式、回授式、交流体验、总结评价等。

付秀娟：我认为，要想实现主体理念与教学呈现形式的对接，就要有切实的抓手，即"一组两教育"。

"一组"，即首要任务是组建小组，充分发挥小组的作用。要合理划分小组，并做好小组培训工作。学生是学习和发展的主体，一定要实现学生的自主、合作、探究。尽可能做到让学生在"参与"中学习，在"自主"中发展，在"合作"中共进，在"探究"中创新。

"两教育"，即责任教育与目标教育。责任教育即通过培养师生的责任意识，强化责任行为，培养师生的责任意志和信念，使他们能坚定地履行责任而不是遇到干扰或困难就逃避责任，实现"我选择，我负责"的良好局面，使师生都能成长为一个有担当的人。目标教育即学校、班级、老师、学生均有长期目标、短期目标和阶段目标。有了目标的指引，师生明确了方向，有了前进的动力，努力过程中大家互相帮助，达成目标时，共同享受成功的喜悦与快乐。

主编手记：当课堂教学在方法与技术上遭遇困境时，还需要重新回到理念和观念上寻求答案。因为观念决定行为，有什么样的观念，就有什么样的课堂。我们将围绕课堂教学的一些本质性的问题进行追问，进一步厘清"新课堂"的理念，使理念真正转变为观念，观念逐步转化为方法，方法最终上升为文化。

学生是课堂的主人，是学习的主人。这是课改共识，更是教育常识。当更多的教师带着这样的常识走向学生的时候，课堂必然发生可喜的变化，学生必然收获能力的提升和精神的成长。遗憾的是，这样的常识有时候被无意间忽略了，或者这样的常识因为过于功利而被悬置，以至于"我的课堂我做主"这样的标语可能仅仅止于标榜和宣传。课堂上的那些主人们的生存状态到底怎样呢？

我们常常批判的应试教育下的课堂，其症结不在于教师讲得不够精彩，而在于教师有过多的包办与代替，在于学生对老师过多依赖而引发的自主学习能力的不足。新课程理念倡导，教育的主体要从教师走向学生。这就意味着课堂教学要突出学生的主体地位。要突出学生的主体地位，就意味着教师要敢于"还权"。

教师究竟要还哪些权？或者说，学生作为课堂的主人，要享有哪些权利呢？我想，学生课堂上的自主学习权、话语权、展示权、选择权等应该得到充分尊重和保障。"还权"的目的是为了发展学生自主学习的能力，让学习因自主而高效，学生因合作而阳光，课堂因展示而精彩，课堂因互动而生动，使我们的课堂教学真正体现出对学生的尊重，体现以人为本，以学生为本。

课堂"还权"于学生，就意味着"师退生进"，教师积极地退，学生积极地进，教师在讲授的时间上要退，学生在探究的时间上要进；课堂"还权"于学生，就意味着学生自主学习权利的回归，意味着给学生更多自主学习、合作学习和探究性学习的时间，意味着教学的起点从教出发走向从学出发，教必须让位于学，教必须服务于学。

您的课堂"还权"了吗？

你的课堂"安全"吗

课堂安全感受主要体现在环境安全、人身安全、话语安全、行为安全、评价安全。如果有学生面对老师的提问面红耳赤、语无伦次、低头不语，或者回答问题时如履薄冰、战战兢兢的话，这样的课堂绝对算不上安全课堂。营造安全的课堂氛围，教师要理解和宽容学生在学习场所的各种表现，充分尊重学生，转化自己的角色，保护学生的积极性，不随意评断学生。

对话嘉宾

张荣伟　福建师范大学教育学院副教授

崔振喜　河南省郑州市 102 中学校长

司家栋　山东省德州市跃华学校党支部书记

刘须锦　江苏省淮安市长征小学教师

张富群　陕西省商洛市丹凤中学教师

陈　立　《中国教师报》全国教师培训基地主任

对话主持　郭　瑞

心理安全则课堂安全

学生在课堂上能做到不焦虑、不恐惧、不孤独、不自卑，这样的课堂才能称得上安全的课堂。

郭瑞：课堂是学校开展教育教学活动的最重要的场所，课堂安全是学校安全最重要的组成部分。大家如何理解课堂安全的内涵？

陈立：简单地说，课堂安全是能够让所有课堂参与者有安全感受的要素集合。这个意义有两个重点，一个是课堂参与者，另一个是安全感受。课堂参与者，包括教师和所有学生。

课堂安全感受主要体现在环境安全、人身安全、话语安全、行为安全、评价安全。

司家栋：学生在课堂上能做到不焦虑、不恐惧、不孤独、不自卑，这样的课堂才能称得上安全的课堂。在安全的课堂上学生会有一种稳定的、放松的、愉悦的、积极的、开放的心理环境。主要的外在表现为：学生能够无所顾忌地发表自己的见解，而不担心被讥讽、被指责、被批评；学生能积极主动地参与自我探究、小组合作、交流分享，而不感觉到紧张、自卑、孤独；学生感到师生、生生关系和谐，而没有任何沟通交流的心理障碍；学生感觉到时常被尊重、被重视，而没有被伤害、被冷落、被歧视的感觉；学生真切感受到学习的乐趣和生命的意义，而没有痛苦感、乏味感；学生敢于尝试、敢于"冒险"，而不怕失败、无所畏惧，竞争面前不逃避。

张荣伟：课堂安全很少探讨教师的安全问题，而主要是围绕课堂教学设备和学生上课时的生理和心理状况这两个话题展开。就目前我国中小学课堂实际来看，除了要为学生人身安全提供基本保障外，在更高层次上，课堂安全还必须加以关注的问题是：如何为学生的良好学习和健康成长创设一种民主、平等、安全、愉悦的课堂氛围，如何摆脱知识本位、社会本位、教师本位等传统的教学模式，充分展现课堂的生命性、生活性和趣味性，让学生真正拥有轻松、活泼、自由的学习体验，享受到学习的快乐和幸福。

课堂安全彰显教育价值

参与课堂是学生的权利，也是学生生命在场的体现。这种课堂权益的保障，生命在场的尊重，也是课堂安全的重要指标之一。

郭瑞：现实中的课堂存在很多不安全的隐忧，这样的现状特别需要教师们重新审视课堂安全的重要性。

张荣伟：现实中的课堂可能是愉悦、欢快、安全的，但也可能是沉默、紧张、恐慌或掺杂着体罚和暴力的。不得不承认，在任何学校的任何班级中，都会有一些学生由于语言能力、想象能力、感受能力、理解能力或个人学习方法和努力程度方面的原因而落后于其他同学。这些学生常常成为课堂中的弱势群体，可以说，被边缘、被冷漠、被呵斥、被嘲讽的现象并不罕见。

在我看来，无论一节课传授的知识多么多、多么快、多么高效，如果有学生因为成绩不理想或个性方面的一些原因，而处于一种尴尬、羞愧甚至压抑的学习状态中的话，如果有学生面对老师的提问面红耳赤、语无伦次、低头不语，或者回答问题时如履薄冰、战战兢兢的话，这样的课堂绝对算不上安全课堂。

司家栋：从马斯洛的需求层次论可知，课堂安全是学生在课堂上一种正常的、自然的心理需求。这种心理需求不断得到满足，学生才能以愉悦的心境参与学习活动。科学研究表明，学生在愉悦状态下，学习的主动性与创造性更加强烈，热情与激情更加高涨，思维更加活跃，理解与记忆更加准确。在安全的课堂上学生才敢说、敢疑、敢问、敢写、敢演，这是学生进步的阶梯。概言之，课堂安全是课堂高效的基础和条件。

陈立：从人脑学习机制来说，在安全的环境下，人脑的确能够更有效吸收、快速反应，因此课堂安全也是高效课堂实践途径之一。

从学生成长发展需求看，课堂安全是学生身心健康成长的保证。在成长过程中，学生大部分时间都在学校和同学、老师相处，因此安全的课堂环境对学生的成长有着举足轻重的作用。在安全环境下成长的人，更宽容，社会交往能力、情感体验以及认知能力都更强。一个惶惶不可终日的学生不可能学好，更不可能有所创造。

刘须锦：人活着，都有一种被认同、尊重、理解，以及自我实现的需要。青少年也是如此，有时表现得更强烈。参与课堂是学生的权利，也是学生生命在场的体现。这种课堂权益的保障，生命在场的尊重，也是课堂安全的重要指标之一。

安全的课堂是为人的发展服务的，也是人与人以及人与物综合关系的结果。安全的课堂能提高人的生命质量，当然也能提高课堂的教育教学质量。因为，安全课堂本身就具有很高的育人价值和发展意义。

课堂如何抵达安全

"班级安全"是比课堂安全更大的心理环境，仅在课堂上营造安全氛围是"应急"的做法，是远远不够的。

郭瑞：课堂安全是育人的需要，那么教师如何从学生精神、心理和"成人"的层面营造安全的课堂氛围呢？

陈立：营造安全的课堂氛围，首先需要教师具有课堂安全观念，能够从课堂硬件和软件两方面营造安全的课堂氛围。

从课堂硬件上说，课堂硬件的选择建立在正确的课堂观念上。所有课堂硬件应该让使用者——学生和老师感到安全。课堂硬件包括课堂环境以及课堂设备、用具。课堂软件要体现教师观念和由此而产生的课堂师生行为和师生关系。

课堂是学生学习的场所，不是教师发挥自我的场所；课堂是学生展示的场所，不是老师评断学生的场所。因此，教师要理解和宽容学生在学习场所的各种表现，充分尊重学生，转化自己的角色，保护学生的积极性，不随意评断学生。简单地说，就是把学生当做成人来尊重。在成人社会交往时不会做的事情，在课堂上也尽量不要做，平等的氛围能够让学生感到安全。

同时，要营造安全的课堂氛围，教师必须具有正义感，能够抵制课堂上由其他学生产生的对学生的各种伤害，包括嘲笑、言语伤害甚至身体伤害。

张富群：师生关系是各种教育关系中最活跃、最核心、最本质的关系。可以这样说，有怎样的师生关系，就会有怎样的课堂师生生命状态。如果教师能够充分认识课堂安全对于学生课堂学习中注意力的重大影响，就会自觉维护课堂安全，创设和谐的课堂学习氛围。

具体来说，教师要满含善意的微笑，不要板着冷脸去维护课堂秩序；当学生回答问题出错时，教师要从学生思路出发，多想想学生为什么会这样回答问题，有没有合理的地方，不能讽刺挖苦学生，避免给学生造成不敢回答问题的恐惧心理。

崔振喜：营造安全的课堂氛围就是要构建以生为本的课堂文化，保障学生的学习权利，而不是一些学生成为其他学生的陪读者，或者成为教师的"教唆"对象。教师讲、学生听的传统授课方式就像陶行知所言："中国孩子的大脑就像封建社会妇女的脚，被裹脚布紧紧地裹住，没有任何自主和自由。"

所以我们应该对传统课堂文化进行变革。变教室为学室、变课堂为学堂、变教材为学材、变教案为学案、变教学目标为学习目标，也就是课堂的一切活动必须是以学生自主学习和发展为中心。目前的课堂是工业社会的产物，已经不能适应"后喻时代"的要求，教师已经不再是传统课堂中的"教主"，而变成了课堂中的组织者、指导者和合作者，师生关系是平等与合作，教师的一切行为服务于学生的学习。

司家栋：学生只有在师生关系融洽、民主和谐的课堂中，才会把老师看做是良师益友，获得充分的安全感，才能形成高涨的自主学习兴趣和进取精神。

创设民主和谐的课堂气氛，教师要以和蔼可亲的表情和语言与学生交流，要无条件地关注每一个学生，要让学生感受到教师真诚的关怀；教师要尊重学生的选择，尊重学生的不同见解，尊重学生的个性；教师要及时通过动作、神态、语言等方式，给予学生激励、唤醒、鼓舞，这就是给予学生安全感最好的方式。学生的学习水平是有差异的，而在课堂上，教师营造一种互相请教、相互解答的氛围，会有利于学生之间的互相接纳，也能更好地营造安全感。

这就要求教师要具有倾听的艺术。倾听就是专注、耐心、主动地听，不仅要听懂学生通过语言、行为所表达出来的信息，还要听出他们没有明确表达的、隐含的内容。即便是学生的表达有缺陷，教师也不要随意打断学生的话语；对待学生表达中的错误，教师要善意地进行纠正或启发引导。倾听能够创造一种安全温暖的气氛，使学生能够更加开放自己的内心，更加坦率地表达真实的想法。教师的倾听，向学生传达了一种真诚、肯定和无条件的关注，使学生感觉到尊重与接纳，感觉到安全。大量的研究表明，每个人都喜欢和尊重自己谈话的人交流。

此外，教师要创建以"大气、诚信、平等、博爱、文明"为主旋律的班级文化。在这样的班级里师生平等、互尊互助、教学相长；在这样的班级里学生获得归属与爱，感受到的是家的温暖；在这样的班级里处处、时时散发着人性的光芒；在这样的班级里学生个个阳光灿烂、积极进取。班级应当是学生健康成长的精神家园，优秀的班级文化是"班级安全"的根本和前提。"班级安全"是比课堂安全更大的心理环境，仅在课堂上营造安全氛围是"应急"的做法，是远远不够的。

教学以课堂安全为背景

老师必须要尊重学生，保护学生的思维，不可以随便评断学生，更不可以轻易对学生的问题下结论，尤其不可以对学生本人下负面结论。

郭瑞：课堂安全要依托教学过程来实现，那么什么样的教学是安全的呢？

陈立：在美国的课堂上，学生可以随意打断老师，提出自己的问题或者与老师争论。老师必须要尊重学生，保护学生的思维，不可以随便评断学生，更不可以轻易对学生的问题下结论，尤其不可以对学生本人下负面结论。

面对学生的问题,老师会首先肯定学生敢于提问的行为,肯定学生愿意去思考,愿意提出问题。能引发学生广泛思考,能够自圆其说的言论都是可以被接受的。

一般来说,老师会和蔼地解答,如遇到无法解答的问题,老师会坦率地承认自己不知道,并鼓励、组织其他学生进行讨论,若没有这样的机会,老师会建议学生去寻找资料,或者给学生一个方向指引,比如读某一本书,或者读某位学者的文章。

司家栋:我校践行的高效课堂就是课堂安全的典型课例。在课堂上,没有强制,只有自动自发;没有控制,只有引导和激励;没有讽刺挖苦,只有鼓励和抚慰;没有严厉训斥,只有和风细雨;没有歧视和放弃,只有仁爱与公平;没有嫉妒与排斥,只有友爱与互助。高效课堂致力于课堂文化的重建,紧紧围绕如何让学生"爱学、会学、学会、乐学、学得高效",注重激发生命活力,落脚于全面发展和个性张扬。这一切都是以课堂安全为文化背景,以课堂安全为孕育高效的土壤。

主编手记:关怀学生的心理安全,从来没有像这个时代这样迫不及待,但仅靠教师心理培训或为学生提供心理辅导,还远远不能解决根本问题。它更要落脚在课堂,更要依赖于从师生的日常教学活动中建构具有安全感的育人氛围,在师生关系、同学关系中打造一种民主、开放、轻松的课堂文化。

课堂里面出教育,课堂是学生学习知识、完善人格、内心成长的重要场所,学生只有在无恐惧、不害怕、不紧张的课堂中,才能专注地投入学习，教师才有可能激发学生的内在潜能。正如心理学家罗杰斯所说，"有利于创造活动的一般条件是心理的安全和心理的自由"。

今天，我们追问课堂安全、探讨营造有安全感的课堂，目的是倡导师生平等、生生平等的教育观念，提醒大家，对人的尊重是教育的前提，以至于最终能够让"学习的主体"敢于质疑、争辩、讨论，拥有表达的自由与权利，得到欣赏与鼓励的权利，获得理解与包容的权利。其中，教师的态度与意识头等重要。

陈立在"问道"中说美国老师遇到无法解答的问题会坦诚地承认自己不知道，并鼓励学生讨论或课下找资料。前几天，我在邮箱里看作者来稿时，看到符礼科老师提供的案例，就是这样一种"美国式"教学，老师尊重学生，不轻易对学生的问题下结论。当然，教师要做的还有很多，比如如何处理学生间的指责，如何保护学生的自尊心不受伤害等等。不难发现，教育教学首先是心灵的圆融。

据说，在国外，一些人热衷于在中国餐馆聚餐，因为餐桌上那个可以旋转的圆盘呈现出来的柔和曲线可以使他们产生"亲切的关系"、"和谐的闲聊"、"融洽的气氛与感受"。我以为，教学中的师生关系和"圆桌效应"如出一辙，以教育教学为中心，从"人"到"人"的关系。安全感说破了，其实就是从"心"开始，打造"心"课堂。

课堂拿什么让学生快乐

现在，很多学生畏惧上学，是什么让学生如此不快乐？

制造"不快乐课堂"的十种教师

□王国平

学生喜欢轻松愉快的课堂。愉快的课堂保护学生的学习兴趣。学习兴趣是保证一个人终生具有学习生命的基本元素。

但是，在以任务为目标的牵引力下，在强大的应试教育思想下，在如山似海的作业与考试下，我们的课堂恰好缺失的就是快乐学习的健康动力源。

于是，我们必须审视一下那些令学生"不快乐的课堂"中的老师是什么样子？

镜头一：在缺少教育文化背景下的职业平台上，我们的老师只是把学生当做装载知识的容器，而不研究和注重学生的学习主体地位，抱残守缺，注重传授。这样的教师其课堂态度和表现仿佛一个十足的"传道士"。

镜头二：教师不去精心备课，而把教学成绩的获得放在给学生布置大量不堪重负的作业上，并美其名曰"精讲多练"，可实际上因为没有精心备课便无法达到精讲的境界，或者说在骨子里就一个"懒"字在作怪。

如果说好听一些，此谓"漫天撒网"，属于"渔翁"。

镜头三：从来就没有"恩赐"给学生笑脸，总是用严厉的面孔和高压的态度面对学生，居庙堂之高，行管教之事，以至于学生见到这样的老师就像老鼠见了猫一样，或者敬而远之。而且，还自诩"严师"。

镜头四：讲课时目中无人，目光发散，或眺望天花板，不和学生做感情交流，很少在课堂中设计与学生互动的环节。即便是提问时也会经常叫不出学生的名字，指指点点。这是把课堂教学当做任务来完成，缺少教育的人文情感所致。此类教师是把崇高的职业品质丢失的"打工者"。

镜头五：面对成绩好的学生有笑脸并反复提问，似乎只有学习好的学生才是学生，而对差生不理不睬，课堂中从不提问或过问。或者，在一些差生表现不好时给予批评，甚至挖苦讽刺，从来没有鼓励和帮助。或许，这是因为成绩好的学生能给老师长脸，学习差的学生只能给老师添麻烦。这样的老师便是"偏心者"。

镜头六：说话尖酸，出口伤人，不懂赏识教育的运用，不会使用艺术性的批评教育手法，甚至对调皮学生使用语言暴力或体罚等不当的惩戒手段。这属于既缺少教育方法，更缺少教育情怀的老师，被学生称为"恶人"。

镜头七：面孔呆滞，语言啰唆，课堂平平，没有重点，没有教学激情，课堂讲述也不清晰，以至于学生听课时索然无味，昏昏欲睡。这是典型的"催眠师"。

镜头八：下课夹起教案就匆匆跑掉，不喜欢在课下和学生交流，不去讨论课堂中学生是否学懂学会。这样的老师或许是职业操守出了问题，或许是根本就不爱教育，不爱学生。这是"跑跑老师"。

镜头九：如果学生们在考试后成绩不理想，老师说：我都讲过了，是你们太笨了！于是，把责任都推到了学生身上，只说学生不努力，不讲自己没教好。此谓"不负责任者"。

镜头十：备课不备学生，讲课不看大纲，专讲偏题怪题，时不时地还炫耀自己，给学生制造学习压力和畏难情绪，让多数学生跟不上课堂教学而掉队。这是"恐惧型老师"。

以上，是为"平面镜"，只愿反映的种种面孔不是我们。

（作者系北大附中河南分校外国语小学校长）

我们呼唤快乐课堂的价值是什么？

快乐是一种能力

□ 肖　华

以灌输方式开展教学活动，学生被动接受课本显性知识，师生之间缺乏情感交流互动，气氛压抑，双方生命成长受阻的课堂是不快乐的。在这样的课堂，教师开展教学活动以自我为中心，完全忽略学生的认知水平和情绪反应；学生对于学习内容缺乏探究的兴趣和热情；师生之间明显处于不平等地位，以教师的无限压制谋求学生的绝对服从；教与学相对独立，难以产生良好的互动和施加积极的影响；课堂教学效率低下，挫伤学生学习的积极性；干扰正常教学秩序的突发性事件居高不下。

学生是鲜活的生命个体，快乐应该成为他们生活中不可或缺的重要元素，站在教师的立场上，更应该时刻想到"爱学生，就要帮助他们远离烦恼与忧愁，让他们快乐起来"。

快乐是一种能力，其价值体现在：有利于他们充分享受属于自己的成长空间，为今后的人生回眸留下宝贵的记忆；有利于激发他们拼搏上进的热情，在学习和生活上始终保持前行的动力；有利于培养他们对父母和教师的感恩之心，乐于用优异的成绩和表现施以回报；有利于他们在学习过程中增强克服困难的信心，保持良好心态，乐观面对每一次的失败与挫折；有利于增进与同伴之间的友谊，构建"在合作中竞争，在竞争中合作"的和谐关系；有利于提升感受幸福的能力，并以实际行动将自己的幸福传递于他人；有利于他们树立终身学习观念和可持续发展意识，在追求个人理想实现的过程中，为社会的进步与发展作出贡献。

（作者系安徽省铜陵市第四中学教师）

学习过程中为什么需要快乐？

学习是一段愉快的旅程

□韩经权

课堂拿什么让学生快乐？这是一个必须认真解读的题目，它无法回避，具有很强的现实针对性。现实的课堂，学生的确不快乐。这个问题，带有普遍性和经常性。

有人会说，不能仅用快乐与否作为唯一标准来评价课堂。课堂当然不能仅仅只有快乐，但问题是，课堂既是学生学习的主要形式，还是学生的一段生命历程、一种生活，生活中不能没有快乐。

快乐是一种外在表现，内在表现为心理的愉悦，它反映出学生生命个体内在的和谐与幸福。学习是一种特殊的认识活动，其过程本身就有无穷的脑力劳动的魅力和乐趣。对未知世界从不知到知、从知之不多到知之甚多，是多么美妙的事情啊！我们都有这样的体验，对某个问题思之甚久，忽然有了答案，其快乐的程度无异于摸彩中了大奖，一时间可能觉得自己是世界上最幸福的人了！学习中快乐的本源，在于发现。调动学生探究的积极性，使学习过程成为不断发现的过程，乐趣自然无穷。简单的重复，过分的强化，会使学生厌倦；过分的课业负担，给学生带来痛苦；满堂灌、超负荷、拖堂，让学生感到愤怒。

学习是一种脑力劳动。苏霍姆林斯基讲："完善的脑力劳动是思考、理解，而不是死记硬背。"课堂上，如果只是进行识记和再现，那会十分痛苦。课堂上，教师应遵循"开而弗达"（启发诱导而不是简单把结论交给学生）的原则和方法，学生的思考能力就会逐渐形成和强化。"开而弗达则思"，会思考，乐趣就会油然而生。

学习是有规律的，需要循序渐进。成功总是让人快乐。教师在教学过程中，要考虑学生的可接受性，让他们在学习过程中不断得到成功的体验。教师要"强而弗抑"（鼓励而不压抑），主动分享学生成功的快乐，也要鼓励学生分享同伴成功的快乐。

班级授课制的最大优势，不仅表现在可以提高教学效率，更表现在同伴之间可以"相观而善之"，一个老师变成一群老师，而且更亲切更有效。生与生之间的交流，是重要的学习方式。教师满堂灌的弊端，不仅在于用教师的讲代替了学生的学，还在于它剥夺了生与生交流的机会和权利。其结果只能是教师累、学生苦。

人都有被尊重的需要，学生更是如此。成功的课堂，不能缺少学生展示的时空。学生展示可以得到同伴的尊重和鼓励，而这种尊重和鼓励是学生学习的不懈动力。情绪会相互感染，快乐也常常是共同体，课堂是一个气场。在一个充满欢乐气氛的课堂上，大家都会受到感染。

在课堂上，让学生快乐，就是让学生的生命历程快乐。改善课堂吧，让孩子们快乐起来！

（作者系河南省洛阳市教育局副局长）

创造快乐课堂，教师应该如何把握？

动起来，便快乐

□任者春

人在快乐中学习效果最好。教师的教学应沿着生动、互动、主动之路，在着力生动化、互动化、主动化的过程中，让课堂更加快乐起来。

生动课堂：理论也能活起来

有人会质疑，课程有文有理，教师风格各异，教学都能做到生动化吗？生动可以概括为一种水平层次吗？答案是肯定的。我们先看何谓生动。"生"：生发，生成，生命，生机等；"动"：动态，动感，变动，活动等。大自然本身是生动的，社会是生动的，任何思想理论、文化知识都有其生发、生成、变动的过程，无不在"生命"之中，从而都是生动的。把对象的生动特性恰当地反映出来，不枯燥不呆板、意态灵活、能感动人，就是教学的生动之美。例如，当我们从萌芽、形成、运用、发展的脉络来阐述马克思主义理论时，理论便生动起来了。再如，如果我们的讲授能灵活设疑，并有逻辑地层层深入，数学就有了生命的气息。

创造生动的课堂，教师应从三个层面来把握。其一，教学方法的"生动化"选择。教师要从是否易于学生接受的角度，遵循生动化原则，对教学方法进行选择和加工。"善教者必善喻",即以比喻、故事、寓言等感性方式,把深奥的道理浅显化、情节化,这主要说的是在教学听觉上的生动化。化抽象为"具象",即辅之以实物、仪器、多媒体等,使抽象的概念、内容具体化、形象化,这主要说的是在教学视觉上的生动化。教学的一切都应是美的,要创设生动感人的课堂教学情境,焕发学生的学习情绪;要使学生在整洁优美、和谐生动的校园和班级氛围中学习,尽情体验学习的乐趣,这说的是在教学整体感觉上的生动化。其二,教学内容的"生动化"整合。教师要彰显课程之美,就不能把课程内容视为死的结论。例如在讲授理论性较强的课程时,要把理论的形成、演变作为研究重点,着力搞清楚:作者为什么要提出这个理论?其他思想家怎么认为?过去怎么认为,后来又怎么认为,将来又会如何演化?这就等于唤醒了理论的生命,使理论的生命性和生发性立体起来。在对教学内容深入研究、生动化梳理整合的基础上,教师再借助生动的传播方式表现出内容的这种生动性,教学便如同一条流动着激情与灵性的河。其三,教学主体的"生动化"提升。即教师做生命化教师。人即是课,课即是人。生命化教师是尊重和热爱生命的教师,注重提升自己的精神世界,活出生命的意义和风采,并让每一个生命个体都能得到最充分的尊重和珍视。

互动课堂:更接近教学本质

生动的课堂虽然可以以生动之美感染人,但它毕竟重在要求教师发挥自己的主体性和智慧的力量,存在着强调教师主体性而旁落学生主体性、强调展现教师本质力量而遮蔽学生本质力量的可能性。所以以互动式教学为特征的互动课堂,要比以生动传授为主的生动课堂更能展现大家的力量，更能接近教学的本质，使课堂更加快乐。

在互动式教学中，不是教师在单方面地"动"，而是师生之间、生生之间的平等互动，师生与各种教学因素之间的协调互动。在传授式教学中，教师的角色行为是传道、授业、解惑；互动式教学中，教师的角色行为是沟通、合作、对话。要认识到，互动从更高的层面上揭示了教学的本质，带来了课堂的欢悦。这是因为，在人格与人格的互映，心灵与心灵的沟通中，学生的学习兴趣被激发，思维被激活，"潜意识"特别是"相异构想"得以更充分暴露和显现，各种能力得到更大限度的锻炼。

创造互动的课堂，教师应从如下三个层面来把握。其一，教学方法的"互动化"选择。一方面，要多采用谈话、对话、讨论、辩论、合作性研究等互动性强的教学方法，使学生有机会表达自己的见解并有机会比较不同的见解，用自己的理性做出选择，既各抒己见、各显神通，又相互启发、相互协作。另一方面，要赋予各种基本教学方法以互动性。譬如，让传统的讲授升级为"互动性讲授"。如何使讲授法等各种基本教学方法拥有互动的灵魂，是摆在每个教师成长道路上的一项重大课题。其二，教学内容的"互动化"整合。互动需要有一定的互动点作为平台，为此教师必须对教学内容进行深加工，使之具有可互动性，形成内容互动点。所谓内容互动点，就是课程的重点、难点、矛盾点、困惑点和热点，指的是具有理论和现实包容性、能够载荷师生共同参与、互动交流的教学内容设计。教学内容的互动化整合，要求教师备课应当从过去重点备知识向重点备"互动"转移，即备内容互动点和互动的组织。其三，教学主体的"互动化"提升。互动的课堂最让人快乐的地方在于，教学作为师生共同的生命历程展开，师生相互用生命感应生命，既各美其美，又美美与共。互动式教学的实施，从根本上乃是导引师生，通过彼此的尊重与努力创造良好的协作关系，在这种协作中自觉担当，亮出自己的精彩，并相互支撑，从中体验共同成长之乐。

主动课堂：保证互动有效发展

在互动式教学之上，应该有一种更高的教学境界来导引互动、升华互动，保证互动的过程朝着可控、有效的方向发展。例如，为什么要让学生小组讨论，什么问题更值得小组讨论等等。互动式教学之上应该有一种更高境界的教学——主动学习。主动学习作为一种教学活动，是指以建构和发展学生主动性为目标导向和价值追求的教学。学生的主动性，是指在教学过程中，学生在学习上表现出的自觉性、积极性、能动性、独立性、创造性等特征的总和。

主动学习使学生真正成为课堂的主人，从而使课堂快乐成为一种学生本质力量的欢畅，生命深处的愉悦。一方面，主动学习是有效教学的基础，没有学生内在动机的唤醒，便不可能有真正的教学。夸美纽斯这样教导我们以自然为师："在自然的一切作为里面，发展都是内生的。"只有能唤起学生主动学习欲望的教学才是可行的、可取的教学，否则就是可弃的、无效的教学。另一方面，从教学的终极关怀看，使学生具备主动学习的能力，使其能动地认识世界和改造世界，是教学的目的所在。如果一个人真正具备了主动学习的精神和能力，也就是实现了自我教育，我们的教学也就进入了"不教"的最高境界。

创造主动的课堂，教师应从如下三个层面来把握。其一，教学方法的"主动化"选择。教师要以调动和发展学生的主动性为价值目标，来选择和运用教学方法。例如，探究式教学，即从课程领域或现实生活中确立主题，学生通过独立地发现问题、实验、操作、调查、搜集与处理信息、交流等探索活动，获得知识，培养能力，发展情感与态度，特别是发展探索精神与创新能力；协作式教学，即充分利用小组的协商、讨论，在每个同学独立思考和共享集体思维成果的基础上，最终完成对所学知识的意义建构；行动导向式教学，即运用一整套可以单项使用，也可以综合实施的教学方法，如角色扮演法、项目教学法、体验法、社会实践法等，重在培养学生的方法能力、社会能力。其二，教学内容的"主动化"整合。即教师对教学内容进行构思设计、整合加工，使之能够承载培育学生主动性的功能。例如，为开展探究式教学，就要把内容融合到典型的案例和话题中；为进行行动导向式教学，就要把教学内容可体验化，可项目化，可模拟化，可实践化等；为开展自学活动，就要把内容加工以适合学生自学。其三，教学主体的"主动化"提升。教师主体和学生主体，二者的主动性都应在教学中获得最大限度的发展和展现。但作为平等主体中的"首席"，教师无疑也是责任的"首席"。教师要增强自己的主动性，以积极进取的人生态度影响带动学生；要营造宽松、自由、和谐的课堂环境和学校环境；要激励学生的主动性，增强其自我教育的内在动力，鼓励学生在生活、学习和工作中自我探索；放手让学生去做、去活动。

综上所述，从生动的课堂到互动的课堂，再到主动的课堂，我们不禁要说，教学是快乐的事业，教学是创造快乐的事业。社会在发展，观念在更新，人们对优质教学的渴望日益强烈，创造快乐课堂的主客观条件逐渐成熟并日益丰富，师生的积极性正被激活，教学中人人心情舒畅、洋溢着由衷喜悦的一天值得期待。

（作者系山东师范大学教授）

　　主编手记：有人对"孩子，你为什么不快乐"这个话题做过抽样调查，得到的反馈是这样的：老师总请优生回答问题，不理我们，无事可做；老师上课古板，很无聊；老师说话很深奥，问题太难，听不懂，无法回答；作业太多，写不完……不难看出，快乐，这个生命中最基本的情感体验，距离课堂越来越远了。

　　快乐是什么？从心理学角度看，快乐是人的需求得到了满足，是一种积极心态。从教育学角度看，快乐的心态有助于激发学生学习的积极性，有助于开发思维潜能，提高学习效率。

　　对于教育来说，不一定把每个学生培养得多有成就，但有责任关注学生是否感到快乐。教师需要思考：什么样的课堂可能给学生快乐？第一，它给学生生命的意义。第二，它给学生时间。学生能够感到学习不会绑架他们，使他们成为学习的俘虏。容许学生在学习中充分体验生活，你的课堂就可能是快乐的课堂。当学习在学生心中有意义，他们就会获得成就感。当学习给学生时间，不剥夺学生的生活，学生就有尊严。龙应台说过，"成就感和尊严，给人快乐"。

　　在美国，快乐的课堂是这样的：教师精心准备每一堂课，心情愉快放松、面带微笑到教室候课，与早到的学生做做课前操，学生精神饱满，情绪高涨，期盼着上一节自己喜欢的课。教师采用多样化的教学组织形式，让学生保持快乐的心情、高昂的学习热情，以便学生把更多的精力投入到学习中来。教师用风趣幽默的语言说着吸引人的小故事，玩着有趣的小游戏，创设的生动情境不知不觉中就将学生带入学习的乐园中。教师引导学生，进行积极主动的学习，大胆地发表自己的意见，激烈地讨论，热情地帮助他人，细心地观察。课堂上时而传出朗朗的笑声，时而传出激烈的争论，时而是精彩的师生对话，时而是有趣的活动游戏，时而是安静的练习。

　　快乐，从来不是单线的，教与学都应该是快乐的。快乐的课堂，是教师用激情点燃学生，用智慧营造愉悦的教学氛围，同时学生心情放松，感到学习是一件简单轻松的事情。师生在教学活动中，共同感受喜悦。

民主课堂有哪些特点

——对话李镇西：让课堂成为"民主"土壤

近日，《中国教师报》推出了特别报道《李镇西突破》，在读者中引起了强烈反响。引起读者关注的不仅仅是因为李镇西个人的知名度，更在于他把民主思想从管理延伸到了课堂，并且致力于探索一套具有普适价值的课堂流程来有效落实和承载民主思想。

"办真正的平民教育，践行完整的民主教育"，是李镇西坚定的教育信仰。但也有人会好奇地问，他推行的"民主课堂"是否代表他的学校目前课堂教学改革的现状？李镇西坦言，那是有点理想化。

"目前来看，民主课堂是课堂教学改革的追求"。之所以说是"追求"，李镇西认为，他所说的民主课堂的特征或者说课堂改革的要求，远没有成为他们学校每堂课的常态。"但毫无疑问，我和我的同事们正在依据这个蓝图'施工'"。

民主是教育进程的必然

理想的教育应该成为充满民主气息的教育，成为对学生进行民主精神培养的教育，成为为民主社会培养公民的教育。

郭瑞：理想的教育应该同社会发展同步，我们正在建设具有中国特色的社会主义民主政治。您认为社会进步与微观课堂有什么关系？

李镇西：改革开放三十年来，中国的巨大进步，既体现于经济实力的迅猛增长，也体现于精神文明的日益提升。其中最突出的表现就是国人公民意识的觉醒。"民主教育"的使命，正是为即将到来的"民主更加健全"的社会培养民主主体——具有民主精神的现代公民。因此，经济的发展，社会的开放，思想的解放，时代的呼唤，世界的挑战……使中国的社会主义民主政治建设加快步伐，也使中国的社会主义民主教育应运而生。民主教育必须落在课堂——给课堂注入更多的民主精神，让课堂不但成为传播知识培养能力的空间，也成为造就公民的摇篮。

理想的教育应该成为充满民主气息的教育，成为对学生进行民主精神培养的教育，成为为民主社会培养公民的教育。从这个意义上说，民主的确是教育进程的必然。

民主是一种生活方式

包括"民主课堂"在内的"民主教育"，是在生活方式这个意义上使用"民主"这个概念。

郭瑞：在教育界，提起李镇西，人们就会说到"民主课堂"。您为什么把课堂贴上"民主"的标签？使用"民主"的意图是什么？

李镇西：我一向不赞同给教育贴标签，包括给课堂贴标签。但是，为了表述方便简洁，就把体现民主教育理念的课堂，临时称作"民主课堂"。

说到"民主"，我们都知道这首先是一种政治制度，核心程序是通过人民的选举产生领导人；同时，人民能够通过一定的法律程序参与国家的决策。但"民主"的含义，不止于此。比如，民主还是一种机制，这意味着权力的互相制约；民主还是一种原则，所谓"少数服从多数"；另外，民主也被理解为一种工作作风，其表现是"让群众说话"、"广泛听取不同意见"等等。

更重要的是，民主也是一种生活方式。民主不只是一种形式或者说外在的东西，更是一种内在的修养。这种内在的修养体现于日常生活和与人交往的过程中：相信人性的潜能；相信每个人不分种族、肤色、性别、家庭背景、经济水平，其天性中都蕴含着发展的无限可能性；相信日常生活与工作中，人与人之间能够和睦相处并真诚合作。

民主的生活方式，意味着自由、平等、多元、宽容、妥协、协商、和平等观念浸透于社会的每一个角落，体现于生活的每一个细节。

民主的生活方式，还意味着"尊重"与"遵守"：尊重，是对精神而言，尊重每一个人的人格尊严、思想自由、精神个性、参与欲望、创造能力等等。遵守，是对行为而言，大到一个社会，小到一个团队，规则是和谐有序的保证，某些时候克服个人的欲望而服从大家都必须遵守的规则，正体现了民主社会的重要特征之一。随心所欲，为所欲为，自我中心，不是民主。

需要指出的是，作为一种生活方式的民主和作为政治制度的民主是互为因果、相辅相成的。民主的政治制度需要社会土壤，这"土壤"便是民主的生活方式；同样，民主的生活方式需要制度保障，这个保障制度便是民主的政治制度。

我所说的包括"民主课堂"在内的"民主教育"，是在生活方式这个意义上使用"民主"这个概念。民主教育的使命，就是培养具有民主生活方式的公民。但是，这里的所谓"培养具有民主生活方式的公民"绝不能仅仅是一句动听且鼓舞人心的口号，民主教育的理念必须要有明确的载体。

课堂承载民主理念

课堂教学既应该传授知识、培养能力、发展智力，更应该将人类文明的精神成果注入需要滋养的孩子心灵。

郭瑞：您指的"载体"是什么？

李镇西：这个载体，可以是学校的各种德育途径和形式，但我更看重课堂教学。道理很简单，师生在学校最多的时间是在课堂，如果离开了这个主阵地，单纯通过主题班会等德育形式对学生进行民主品质和民主能力的培养，难以奏效。

过去很多人往往把课堂功能仅仅理解为传授知识，后来又增加了培养能力、发展智力。这样的理解始终没有把课堂和学生的精神成长相联系。我认为，课堂教学既应该传授知识、培养能力、发展智力，更应该将人类文明的精神成果注入需要滋养的孩子心灵。善良、正义、忠诚、气节、民主、自由、平等、博爱、宽容、人权、公正……特别需要指出的是，我所说的"注入"绝不是脱离教学内容进行生拉硬扯的强加或牵强附会的联系，而应该自然而然地融汇在教学过程中。

"民主课堂"八大特点

民主课堂八大特点：充满爱心、尊重个性、追求自由、体现平等、重视法治、倡导宽容、讲究妥协、激发创造。

郭瑞：您所说的"民主课堂"应该融汇哪些民主精神呢？教学中教师应该如何把精神转化为实践？

李镇西：充满爱心。"充满爱心的教育"就是把学生当人的教育，就是充满人性尊重和人文关怀的教育。充满爱心的课堂，要求教师在教学过程中，对每个学生而不仅仅是少数"优生"都投以关注与尊重的目光，同时教师以自己的爱心去感染学生，让孩子之间也彼此尊重与善待。

尊重个性。"尊重"不是"迁就"，而是在理解的基础上，尽可能根据学生的个性予以因势象形的积极引导，从而让每一个学生都成为最好的自己。尊重个性就是尊重差异，这就要求教育者在教学内容的组织、选择和教学方法的使用等方面，必须考虑学生个性的独特性、差异性。

追求自由。民主教育是充满自由精神的教育，它体现于对学生心灵自由的尊重。尊重学生心灵的自由，教师就要帮助学生破除对教师的迷信、对名家的迷信、对"权威"的迷信和对"多数人"的迷信。我们应该告诉学生：世界上不存在万能的"圣人"；老师也好，名家也好，"权威"也好，都不可能句句是真理。尊重学生心灵的自由，就要让学生在课堂上畅所欲言。面对教材，面对知识，教师和学生之间、学生和学生之间应该平等对话；在平等的基础上，交流各自的理解甚至展开思想碰撞。教师当然应该有自己的见解，但这种"见解"只能是一家之言，而不能成为强加给学生、强加给作品的绝对真理。

体现平等。民主教育要求每一位教育者重新审视师生关系。真正优秀的教师应该是学生的引路人，也是和学生一起追求新知、探求真理的志同道合者。与学生"同志式"地探求真理，就应尊重学生发表不同看法的权利，并且提倡学生与教师开展观点争鸣。平等，更重要的是人与人之间权利的平等，特别是学生受教育权的平等：教学活动，是让少数"精英学生"独领风骚呢，还是让所有学生都参与？上公开课，只是让个别"尖子生"举手答问以显示教学效果呢，还是让每一个学生都积极参与讨论以展示所有学生的真实思维状况……

郭瑞： 谈到平等，是否学生在制订教学计划、参与教学管理中同样享有平等权？虽然教师是主导，但学生也该发挥自主性。

李镇西： 这就是我想说的重视法治。让学生依据共同制订的规则参与教学管理，是民主教育中法治精神的突出体现。既然尊重学生，而且承认教师的所有工作从根本上说都应服务于学生，那么，学生对教学更应有建议、评价与监督的权利。长期以来，教师对学生的建议、评价和监督已经成为理所当然，无需强调；而学生对老师的建议、评价和监督则至今没有引起重视，因此，我们现在更看重后者。

此外，宽容、妥协与创造也是"民主课堂"的特点。倡导宽容。学生的不成熟乃至错误是一种成长现象，其中往往包含着求新求异的可贵因素，如果一味扼杀便很可能掐断了创造的萌芽。宽容学生的不成熟和错误，意味着一种教育者的真诚信任和热情期待：相信学生会在继续成长的过程中自己超越自己，走向成熟。教师的引导，前提是尊重学生思想的权利，然后通过与学生平等对话，以富有真理性的思想去影响学生的心灵。在充满宽容的课堂上，教师不应该以自己的观点定于一尊，而应允许学生有不同的看法，在教学的过程中引导学生独立思考，提倡学生展开思想碰撞，鼓励学生发表富有创造性的观点或看法。当然，宽容也包括学生对老师的宽容，更包括学生之间的宽容。

讲究妥协。妥协不是简单地向对方"认输"，而是服从真理以完善自己的认识。对教师来说，这本身也是对学生的一种民主精神示范。妥协的前提仍然是平等。教师要乐于以朋友的身份在课堂上和学生开展"同志式"的平等讨论或争论，并在这个过程中主动吸取学生的合理见解。妥协，常常还体现在师生之间的"遇事多商量"：大到制订的教学计划是否可行，小到每天布置的作业是否适量，以及教学内容的选择、教学进度的调整、教学形式的改革等等。还需要指出的是，我们提倡的妥协包括教会学生在班级生活中，在妥协中学会与人共事，学会真正的民主生活方式。

激发创造。民主是对人的本质的解放，而人的本质在于创造。发展学生的创造精神，是民主教育的使命。"激发创造"，不是对学生进行"从零开始"的所谓"培养"，而是"发展"他们与生俱来的创造性。教师要点燃学生的思想火炬，让学生拥有自由飞翔的心灵。创造，意味着思想解放。

主编手记："充满爱心、尊重个性、追求自由、体现平等、重视法治、倡导宽容、讲究妥协、激发创造"，这些是"民主课堂"的价值追求。成都武侯实验中学的课堂实录，之所以叫做"同志式"课堂实录，并不是仅仅突出"32字箴言"中的"体现平等"而忽略其他。我们是想强调，师生平等代表一种师生关系的生态，师生关系是课堂最重要的关系，决定着课堂的效率。

尽管在成都武侯实验中学的课堂，那"32字箴言"未必面面俱到，但是读者可以感受到教师对学生能力与潜力的无限信任，感受到教师尊重学生原有的基础与个性，感受到师生是在探求知识真理道路上志同道合的同志和朋友，感受到教师归还学生自主学习的权利，感受到学生成为课堂的主人……

"民主课堂"是建立在师生人格平等基础上的课堂，是以师生积极交流对话生成为主的课堂，是学生真正成为学习主人的课堂，是充满生命幸福与人性光芒的课堂！

你的课堂"民主"吗

李镇西校长解读了他学校的"民主课堂"，您认为目前的教育为什么这么需要"民主"？

课堂民主，才能"量产"人才

□潘文新

当认可"民主是个好东西"还会引起万众欢呼时，课堂民主掘进的深度一定不容乐观。有人说"民主是民众把统治者关进笼子的工具"，那课堂"民主"就应是师生面对"课程"、"权威"、"评价"等保持自信、维护自尊、拥有自由的手段。还有人说"民主是一种生活方式、理想、道德规范"，那教育的"民主"就应是课堂的"必然"、"自然"，因为课堂不仅是我们今后生活的"修炼"，也是我们当下生活的"本身"；"民主"不仅是我们需要借用的"手段"，更是我们需要达成的"目的"。

课堂民主的本真是精神的、思想的、心灵的"自由"。如果不忘祖训"有教无类"，我们的课堂立足现实追寻"三个面向"，就不能忽略约翰·穆勒说过的："在精神奴役的气氛之中，曾经有过而且还会再有伟大的个人思想家，可是在那种气氛之中，从来没有而且也永不会有一种智力活跃的人民。"一语中的，不是说传统课堂就培养不出人才吗？有，只是个别，只有真正民主的课堂才具有"量产"的能力。

课堂民主就是"自由"的课堂。"自由是民主的起点，也是民主的重点；民主是自由的体现，也是自由的工具。"而自由的前提却是"规范"，是"让渡"，是"妥协"，自由必须体现于规则。因此，起决定作用的是对规则的遵守，少数人服从多数人的意愿；同时多数人尊重少数人的正当利益和权利。通过"重建课堂结构"来保证课堂民主的实施，犹如国家的民主需经由相关"制度"来落实一样，现在各地探讨的"高效课堂"谱系中，包括宝应中学所实践的"理想课堂"，涵盖着器物层面课堂结构的建设：撤去讲台、围拢课桌、增加黑板，编制学案。流程层面课堂结构的建设：自学、讨论、展示、点拨、质疑、反馈。文化层面课堂结构的建设：小组构建、合作学习、课堂激励、评价改良、社会启蒙、文化建设。目的就是通过"结构"保证"性质"，维护课堂的"民主和自由"，通过课堂结构对教师、课本、评价"禁口、禁事、禁时"，有效削弱与限制他们的"宰制权的扩张"，恢复和放大学生的"学习主权"。使那些来自学校的、学科的、教师的、班级的、同伴的，乃至家庭的"不确定的因素"，有了"确定且必然的"旨归。把课堂的主观性干扰降低，把学生的主体性发挥到极致，把教师的质量"间差"控制得更小，使得课堂的科学性被再次发现，课堂"艺术性"的玄妙和神秘被重新审视和考量，由此，好的课堂变得可靠、稳定，并可以"复制"和"传递"。

经常有人用"缓行论"、"特色论"来证明民主不适合我们，或者我们不适合民主，其中东西方文化差异、经济不够发达、人群素质太低、教育传统顽固等等，常常被拿来说事，尤以"素质太低论"最为顽固。结果不仅使民主成为别人的专利，同时我们自己还要低人一等。其实，没有人会反对说师生的素质决定课堂民主的质量，也不会有人反对素质越高的师生越有可能把不民主的课堂带进民主。"课堂民主需要高素质的学生、老师"是对的，可关键是，民主素质是如何培养出来的？是在民主中培养出来的，还是在不民主中培养出来的？别忘了，民主课堂恰恰就是课堂民主的摇篮。但同时，我们也要警惕目前的"课堂民主"，始终是"家长式"的，而不是"自由式"的。也就是说始终是老师为学生着想，而学生自己犯不着主动参与。只有学生自己参与到讨论、决策、管理的过程中去，那才是"自由式"民主。或许民主必须历经这样由浅入深、由表及里的过程，但我们要明白这毕竟还不是真正完整的民主。另外，课堂上"一言堂"、"填鸭式"之所以"千夫所指"却"死而不僵"，因为诱惑我们的，往往在于其"见效"、"有效"甚至"高效"。问题是衡量的时间标杆是多长，评判的素质标杆是几维，我们的课堂就是在追逐目标的急功近利中迷失了目标。

（作者系江苏省翔宇教育集团宝应中学常务副校长）

您对"课堂民主"如何理解？教师如何避免空洞热闹的"伪民主"？

课堂拒绝"伪民主"

□肖川

"课堂民主"是开放的课堂。对于课堂而言，开放是民主的体现，也是民主的保障。开放的课堂宽容并鼓励学生提出有深度、开放性的问题，允许有不同的答案，鼓励多元思考，培养理性的怀疑与批判精神。

课堂民主是学生可以实质性地参与教学过程的课堂。教师在课堂中的职责之一就是为学生创造一个尽可能开阔的思想平台，让他们独立思考、自主选择，而不是将教师的思考结论灌输给学生，更不是把教师的选择强加给学生。

课堂民主是分享的课堂，课堂上的交流应当公平、公正、有益。分享体现在关注学生个体在现实生活中的处境、学习生活中的状况、背景，它不是居高临下的施舍，而是平等给予，它是心灵真诚的互对。

民主课堂是让学生快乐的课堂，同时又是充满理智、富于挑战的课堂。在民主课堂上，学生的"感悟"与"对话"共舞，"激情"与"理性"齐飞。一句话，课堂民主是洋溢着生命温暖的课堂，是飘扬着"人"的旗帜的课堂，是师生之间心灵相遇的场所，是观照意义世界和感悟生命之美的场所。

受传统教育"传授知识为主导"思想的影响，教学中的"质疑与探究"形同虚设，成为走过场。更主要的原因在于教师驾驭课堂的能力不强，一怕教学任务完不成，二怕学生乱了套，不敢鼓励学生大胆质疑，提出具有深度和开放性的问题。再加上课堂上教师的随机点拨欠缺或者不到位，不能有效引导学生的思维方向，不能发展学生的思考策略，这样的课堂只能让人感到"空洞的热闹"，而不能让学生感受到智力劳动的愉悦，感受到智慧之花的尽情绽放。

从学生方面来看，由于受到应试教育影响，大部分同学选择了全部或部分放弃自己的兴趣爱好，也很少与外界接触。这就使学生的经验显得苍白和贫乏，情感也变得不细腻、不丰富。他们缺少对生活的热爱与柔情，缺少对世事的洞察与探究，也缺少情感的体验与分享，最终无法参与到真正的"课堂民主"之中。同时，学生并未意识到自己在学习中的主体地位，他们已经习惯于被动依赖和服从权威，习惯于沿着老师事先设计好的思路往下走，然后按照老师的意图来回答老师提出的各种问题。这种现象在一些公开课中随处可见：老师在上面"表演"，学生卖力配合，最终达到一种"天衣无缝"的效果。另外，还有一个重要原因就是我国的学生缺乏问题意识，不敢张扬自己的个性，不敢发表自己的看法。因此，很多课堂上的民主是"伪民主"。

避免"伪民主"课堂，教师需要如何做呢？首先教师应该创造一种安全、愉快与和谐的学习环境，保持一个充满赞扬和肯定的环境，使学生感到安全，受到鼓励，得到尊重和敢于挑战。同时，教师应该努力做到：不用尖酸刻薄的语言羞辱学生，即使学生的确令人恼怒；不用轻蔑的眼光打量学生，即使学生的确令人失望；不体罚和变相体罚学生，即使学生犯了严重的错误；不在学生面前抱怨生活，即使你受到了不公正的对待，遭遇了不应有的挫折。当学生无礼地顶撞你，令你气恼时，你仍能心平气和，从容淡定，理智地对待学生。当你出现在学生面前时，总是情绪饱满、信心十足，即使你非常疲惫、非常沮丧。

其次，建设"课堂民主"应从根本上把传统课堂教学沉闷的"呈现—接受"模式变为生动的"引导—发现"模式。"在引导下发现"和"在发现中引导"，才能充分展现课堂教学动态生成性的格局。

再次，确立合理的教学目的观，即教学不是"教"教材，也不是"教"教案，而是要服务于学生的发展。教师如果在某一问题上能够带给学生广阔的思维空间，能够引发学生的认识冲突，能够为学生提供广阔的展示自我的舞台，那么，即使不能完成预定的教学任务也在所不惜。

（作者系北京师范大学教授）

课堂用什么样的流程来承载民主比较科学？

以生为本，民主才能落到实处

□任永生

课堂民主是一种科学的教育思想，只有落实课堂民主，课堂才能真正科学、高效。真正民主的课堂是"以生为本"的课堂。"以生为本"的师生关系，反映在课堂上，表现在教与学的关系上。教与学的关系必须遵循以学定教、以学评教和以学促教的基本原则。在课堂上，教师不再是课堂的主宰者，不再唱独角戏，而是把时间和空间交给学生。

课堂民主就是学习变成了学生自己的事情，课堂民主就是学习发生在学生身上，课堂民主就是按照学生的方式进行学习，课堂民主就是学生用真情和激情演奏生命美好乐章。在课堂上，学生的个性得到张扬，不但获得了知识，还锻炼了能力；不但培养了良好品质，还构建了健全的人格。教师在做导师和服务的过程中，与学生共同收获了成功的喜悦与快乐，教师在成就学生的同时也成就了自己。只有在"课堂民主"的背景下，学生才能成为最好的自我，教师才能成为学生最喜欢的教师，教育才能完成为学生终身发展服务的基本任务。因此，构建课堂民主应该是我们课堂建设的目标，或者说民主是科学建设课堂的必由之路。我主张用民主与科学的教育思想打造高效生命课堂。

那么，如何构建课堂民主呢？我认为，必须构建一种自主、合作、探究形式的教学制度，形成一种新的课堂制度。没有新的课堂制度，课堂民主就是一句空话。

用什么样的课堂模式来承载课堂民主呢？我认为应该是小组学习模

式。其发挥每个学生的主观能动性，把学生科学地分成学习小组，这就好像把土地分给了农民一样，把种田变成了农民自己的事情，他们可以按照自己的方式，依据科学的方法经营自己的土地，会大大提高生产力水平。

我们的课堂应该通过小组这一学习载体和自主、合作、探究学习方式完成双层学习制度的构建。在小组内通过自主、合作、探究，通过小展示，组内质疑，兵教兵、兵练兵、兵强兵，解决学生应该把握的基本知识与技能。在教师的指导下，组与组之间对抗与竞争，通过班级的大展示解决知识的拓展与提升，实现情感、态度与价值观的养成与提升。这样的课堂关键是教师必须把握分与统的科学尺度。所以说教与学的关系在具体的课堂实践中就是教师对统与分的把握。

（作者系辽宁省葫芦岛市南票区教育局局长）

主编手记："民主"，到了探究如何让"民主化"的诸多细节在课堂落地的层面。上文，我们解读了李镇西倡导的"民主课堂"的内涵，接着我们试图系统解读课堂为什么需要民主，如何在课堂上有效落实民主。

新课程理念认为，课堂教学是师生交往、生生互动、共同发展的过程。实现课堂民主的过程，就是教师以平等的角色与学生对话，并解放学生的眼睛、头脑、嘴巴、双手、空间和时间。美国心理学家马斯洛认为："只有在真诚、相互理解的师生关系中，学生才会敢于和勇于发表见解、自由想象和创造，从而热情汲取知识、发展能力，形成健康的人格。"因此，民主的教学氛围是激发学生潜能、促进学生全情投入学习的基础。

葫芦岛市南票区教育局长任永生说，课堂民主需要在教师的引导下，通过小组这一学习载体和自主、合作、探究学习方式完成双层学习制度的构建。这告诉我们，学校需要在新课程理念的指导下，重新建构开放的课堂流程。只有开放，才有自由，自由是通向民主的重要元素。美国教育专家希尔波曼认为，开放课堂是"一种教学模式，包括空间的灵活性、学生对活动的选择性、学习资料的丰富性、课程内容上的综合性、更多的个人或小组教学而不是大班教学"。"课堂民主"需要自由可选、合作互动的教学气场，它有助于学生批判地探究、生成智慧，使师生摆脱"播放机"和"收音机"的尴尬。

第二章
提供符合人性的教学服务

　　课改是一场教育回归运动，说到底是从人性出发，服务学生和"学"的需要，提供符合人性的教育教学服务。做有人性的教育，就要在课堂中为孩子制造可以提问、质疑、表达、满足好奇心、得到认可、享受成就感的环境和平台，不要让孩子与生俱来的天性和需要离课堂越来越远。

你的学生展示了吗

展示已成为课堂教学的重要环节，您如何理解展示的内涵？有人怀疑大班额无法实现展示最大化，您有什么建议？

无限放大展示的价值

□李炳亭

新课堂有三个关键词：差异、展示、合作。第一是差异，尊重差异，差异就是分层，从来不分层，是对人性的不尊重。第二是展示，放大展示，符合人性。第三是合作，一个人的能力是有限的，需要团队协作。

可以这样理解展示：展示即暴露，展示即发表。黑板是媒体，发表是个情感产品，发表是情感活动。学生发表一篇作文，他会一年看八遍。展示即发表，学生还会写字潦草吗？课前自学还会不认真吗？一张白纸传给你，没有价值，叠成和平鸽，就注入了情感，和生命发生了关联。因此，课堂即发表！注入情感，课堂再也不仅仅意味着学习知识了，它会成为生命的一部分，有谁会随便舍弃自己的生命呢？展示即提升（或完善）！真正的纠错，就是在展示的过程中完成的，学习团队的作用一下子体现出来了。可以说展示是课改的精髓，怎么无限放大都不为过。展示就是让孩子的天性、认知和自己的生命发生关联的一场活动。

展示最好在组长的带领下，同步展示，通过多块黑板来呈现，各组搞各组的，小组的配置以四人为宜。有人抱怨班额过大，无法同步展示。我要反问，班额再大能大过麻将馆吗？麻将馆好几十桌同时打牌，互不影响，每个人其实都在依照自己的需要建构"知识系统"。同理，这个组学的和另一组学的，完全可以风马牛不相及，闻道有先后，术业有专攻。教师只需要就各个小组展示的情况，进行学情调查，发现问题，再转入大展示。大展示展示的是带有共性的问题，是学生将对学群学后仍然不能解决的问题拿出来展示。如果自学时暴露出来的问题都在对学时解决了，当然不用再讲了。

小展示没有暴露问题怎么办？教师的作用就可以在此时体现了——引申下去，开启思路，拓宽视野，延展训练。在展示的过程中，必须有课堂价值观，把握无限放大原则，解决了问题，能力就会生成。课堂的亮点就在这里，这个时候教师不要打断，让学生保持研究状态，没有探究就不会有能力的生成、知识的生成。

新课堂有三性：主动性、生动性、生成性。主动性是指，知识原来栖息在枝头，等着学生去发现。生动性是指生命的狂欢，在学生身上点起"火"来，营造活跃的气氛。生成性是指，真实的生成，不是预设的、虚假的生成，更不是按照教师的编排导演出来的。

（《中国教师报》采编部主任）

展示在"新课堂"中的意义是什么？

展示让课堂"活"了

□刘海员

展示是课堂流程中最受争议的板块。有人认为将已经学会的内容进行展示是在浪费时间；有人认为展示只不过是将教师要讲的换成学生来讲；有人认为展示能锻炼学生的语言表达能力等等。那么为什么要有展示呢？我认为它具备最基本的功能：激发潜能，唤醒课堂；拓挖思悟，举一反三；关注难点，了解学情；功在当下，利在千秋。

第一，从马斯洛需求理论的角度讲，通过展示手段可以激发学生的内驱力，激发学生的学习积极性，由"要我学"变成"我要学"，从根本上解决学生的厌学情绪。我想，对此最好的例证还是十几年前杜郎口中学的那场改革。最初寻找导致杜郎口中学连续十年全县倒数第一症结所在的时候，崔其升校长发现每个班里能听老师讲课的学生寥寥无几，大部分学生在睡觉、看小说、下象棋或窃窃私语。校长问他们为什么不听课的时候有两种声音："校长，老师讲的这些内容我听也听不懂。我到这个班里一年半的时间了，一直坐在这个小角落里，老师从来没有喊过我的名字。我是被忽视的'多余人'"；另一种学生则回答："老师讲的那些内容我不听也会，有的甚至没有我讲得好。""既然讲得不好那就不讲，谁讲得好叫谁讲"——这是崔校长当即下的决定。于是，老师就这样"被和谐"了。

也就是说，老师的一家之言只适合很少一部分学生的"胃口"，其他学生都是伴读的小书童。让能展示的学生来展示，从而使更多的学生能展示。学生在课堂中被重视，有"话语权"才是"关注生命，以人为本"的教育发展主线。

第二，目睹过高效课堂的人都会对"生命的狂欢"深有感触。学生在充分预习的基础上，带着不同的见解、不同的思路来到展示课上。尽管讲解者做了充分的准备，但是同学们对此还有不同的看法，于是或点评，或质疑，或引经据典，或博古通今。由此，学生在文科上产生了辩证的价值观，在理科上解题思路不一而足，最后还要比一比哪种思路最简捷！"我带了十年的初三数学，对于这道题我能讲出四种不同的思路，没想到在一节课上学生竟然整理出了十种解法。如若教师不给他们这样的机会，估计掌握四种都极难实现！"杜郎口中学的徐利老师感触很深。

第三，不光是高效课堂，传统课堂上也一样，老师的"教学进度"应该建立在对学生学情的准确掌握上。而传统课堂中老师掌握学情的方式通常是课后留家庭作业，或小检测。实际上，这种传统的反馈方式是滞后的。除去作业的真实性不说，学生当时在知识上出了问题，出了什么样的问题，哪些学生出了问题，老师不能及时获知。高效课堂每节课也有一个达标检测，但我认为它只能算作本环节的一个补充和下节课反馈的根据。从这个意义上说，在学生展示的过程中发现问题，及时引导学生予以指点、纠正的作用不亚于开"现场会"。

高效课堂实施的初级阶段，可能有很多意想不到的问题困惑着老师，但是有一种掩饰不住的喜悦是抑制不住的，那就是课堂活了，学生们的参与积极性高了，以前内向的学生开朗了，以前不参与展示的学生也渐渐地参与了，学生的表达能力也提高了。这是教育最需要看到的成果。

（作者单位系《中国教师报》全国教师培训基地）

一线教师经常反映学生展示难，究竟在课堂上学生应该展示什么，如何展示？

如何解决展示难

□ 高　芳

在新课堂模式中，学生展示的成功与否直接影响课堂效益的高低。

因此，如何解决学生展示难，已经成为每一位教师的必修课。通过多次的观摩与实践，我是从以下三个方面解决展示难的问题的。

展示前。展示前对学生进行方法指导，让学生按《课堂展示歌》中的标准来要求自己：我自信，我最棒，聚焦点处来亮相。胸挺直，头高昂，面带微笑喜洋洋。嘴里说，心中想，脱稿不再看师长。吐字清，声洪亮，嗯啊口语别带上。一握拳，一挥掌，肢体语言能帮忙。展示完，忙退让，褒贬评价记心房。

让学生认识到认真预习的重要性。教师布置各组的展示任务，必须是以学生全面学习本节内容为前提，各组只是展示的内容不同而已。第一步，明确预习目标与方法。教师口头提出，或师生共同提出，对学习小组的预习任务进行分配，规定预习时间。第二步，做好预习指导。学生预习时，教师以参与者的身份加入到学生中去，解答学生的疑惑。第三步，收集预习疑难，掌握需要展示的内容。

作为教师，需要重点准备：展示形式，力求新颖多样；预设困难；追问的方式与问题设计；拓展、延伸的内容，以达到举一反三的目的。

展示中。先学后"教"，当堂达标。展示分为组内的小展示和班内的大展示。课堂上，我先对展示内容进行恰当分工，要求学生选取具有普遍性的问题、代表性的问题、出错率高的问题、能归纳方法规律的问题重点进行展示，太难和太易的问题都不作为展示内容。展示过程要敢于"利用"学生，实现学生自身能力差异的资源共享，"兵教兵"、"兵练兵"、"兵带兵"、"兵强兵"。为防止学生出现展示价值不高的问题，需要及时明确。学生提问时，要有自己的初步看法。集体讨论，组长把关，提出的问题一般是组内解决不了的。

学生展示时，教师的指导可以以手势的形式呈现，可以以微笑的方式肯定，可以让其他学生随时小声提醒，也可以事先把展示时的注意点让学生详细地写在"学习指南"或小纸条上，让他随时进行自我调整。

学生展示时教师不能把自己完全等同于听众，应该从下面几个方面继续对学生进行指导。追问：当学生展示不到位，或学生的错误未被指出时，或学生重点规律未总结出时追问；点评：点评要及时、准确，就像点穴一样，话越少越精越好；拓展：当学生展示完毕时，教师可以故意改变题目条件等，追问学生；提升规律：归类形成专题，总结提升规律；评价：赏识鼓励表现优秀的学生，激励表扬进步变化大的学生。

展示后。学生展示后，教师可以先让每个人进行自我评价，哪些环节很精彩，哪些环节有待提高。然后让小组内所有同学互评，最后教师再做总结性评价指导，并让展示不是很成功的学生在小组内重新展示一次，同时给他制定下一次展示的目标，并要求他要比这一次有进步。

师生要及时反思展示中的得与失，特别是如何让学生动起来，让学生的课堂展示真正达到高效。学生不发言是因为无话可说，而无话可说是因为自学不得法、不到位。人天生就有求知欲、表现欲，有获得成功、得到肯定赏识的愿望，只要在预习环节指导到位，评价激励及时恰当，让学生动起来并不是太难的事。

（作者单位系安徽省蒙城县汇贤中学）

主编手记："自主学习、合作探究、交流展示、达标测评"是新课堂倡导的教学流程，目的是通过师生的共同努力，使尽量多的学生掌握尽量多的知识，使学生在课堂中体会到学习的乐趣，使他们以饱满的热情投入到学习之中，变"要我学"为"我要学"，让课堂成为学习知识的超市，生命狂欢的舞台。其中交流展示是量化自主学习和合作探究效果的重要环节。

"展示"相对应的英文是"reveal、show"，从字面上解释就是"揭露、呈现"。学生通过语言、形体等方式表达对事物的认识、知识的理解、观点的差异，从而使"旁观"的教师发现学生暴露出来的各种问题。因此，我们说，展示即表达，展示即暴露。

展示过程的价值在于，教师通过适当的点拨诱发学生学习的积极性，调动学生的思考兴趣，掀起学生思想感情的波澜。在学生思维困惑的时候指点迷津，在学生浅尝辄止的时候适时追问，把学生调整到最佳状态。而在交流展示中，生生互动、相互启发，互相分享"劳动成果"，展示者和倾听者都能体验到学习带来的快乐。

我们列举的8种展示方式不一定是当前最新颖的做法，肯定还有很多让人眼前一亮的形式被运用于一线教师的课堂中。值得强调的是，形式始终为内容服务，新课堂忌讳为了展示而展示的伪高效。一节课，学生究竟展示什么、如何展示，要根据具体的教学内容和学生的特点来定。而关键问题则要求教师真正转变教育观念，敢于放手，让学生在身动、心动、神动的展示中，表达自我、提升自我，实现自我价值最大化。

你的学生质疑了吗（一）

质疑是课堂的灵魂，在"新课堂"中应该给提问和质疑创造怎样的环境？

"新课堂"还学生质疑空间

□赵民轩

"苹果从树上落下来"是众所周知的现象，唯有牛顿敢于质疑，从而发现了地球引力。这一伟大发现是从质疑开始，加上大胆猜想以及反复研究。学习也同样如此，"学贵有疑"。往往我们的教育教学只注意解决问题，而忽略了怎样鼓励学生提出问题，培养学生质疑问题的能力。

教育家苏霍姆林斯基说："孩子提出的问题越多，那么他在童年认识周围的东西也就越多，在学校中越聪明，眼睛越明，记忆力越敏锐。要培养孩子的智育，那你就得教给他思考。"美国教育家布鲁巴克也说："最精湛的教学艺术遵循的最高准则是让学生提问题。"

我国传统的教学却忽视了学生的这种权利，老师占据了课堂的掌控权，不自觉地把话语的主动权从学生那里夺了过去，习惯和传统的师道尊严形成了一种权威。以教为主的传统教学思想使老师产生一种教学的神圣使命感，教学生成了教师的天职，灌输成了传统教学的法定模式。老师讲解、诱导、启发学生听懂、记住、理解教学参考书上的标准答案，成为老师完成课堂教学任务，达到良好教学效果的唯一目标。这种被教师统一了声音、学生缺失话语权的传统课堂缺失了思想，是老师表演的课堂，是缺乏民主的课堂。在这种课堂里，学生好奇的天性、思维能力、创新意识便也消失了。

民主的课堂呼唤学生的权利回归，呼唤质疑的声音，呼唤思想的觉醒。新课程改革中，怎样把质疑的空间还给学生，把质疑的方法教给学生，把质疑的权利还给学生，使学生敢于质疑、善于质疑是每个老师需要认真反思的问题。

学生能否提出质疑，关键还在于老师。老师要转变角色，成为学生的合作伙伴，与学生缩短距离，真正体现学生为学习的主人，归还学生的话语权。给孩子质疑的权利和自由，孩子才会有质疑的主动性，才会是学生自己的质疑。

在新课堂中，老师与学生应进行平等对话。对于学生提出的观点和问题，老师可以作为其中的一员阐述自己的观点，提出自己的质疑，而不是由老师提出观点和问题。原来的课堂是教师提问和质疑，都是让学生围绕教参和老师设计的教案中的预设问题，最终生成既定的答案。只有在新课堂中崇尚民主思想，教师和学生的地位是公平的，学生才会有质疑的权利和勇气，学生的质疑才会不受束缚，学生的思维才不会听从老师的预设，全班学生的观点才不会"九九归一"为老师期待的精彩生成。

爱因斯坦说过："提出一个问题往往比解决一个问题更重要，因为解决问题也许仅是一个数学上或实验上的技能而已，而提出新的问题、新的可能性，从新的角度去看旧的问题，却需要有创造性的想象力，而且标志着科学的真正进步。"由此可见，课堂上学生自由主动的"问"至关重要。在教学中，只有创设条件，让孩子质疑、提问，然后师生互动解决问题，这样才能打造质疑的课堂、民主的课堂。

（作者单位系河南省尉氏县教育局）

当鼓励提问成为"规定动作"，就会出现类似"质疑就是鼓励多问"这样单一片面的错误理解。就您了解，对于质疑，目前有哪些误区，有什么对策？

走出浅层质疑的误区

□于 英

在教学中，由于对质疑的目标、意义等缺乏深入的思考与研究，很多课堂走进浅层质疑误区，反而不利于学生创新思维的发展。

误区一：质疑就是鼓励学生多问。没有问构不成疑，但如果缺乏明确的问题目标，课堂上学生出现"想到什么就问什么"、"肤浅深奥一起来"等情况便在所难免。此时，教师若没有相应的引导与调控能力，就会陷入"眉毛胡子一把抓"甚至游离主题的尴尬。

解决方案：和谐民主的课堂氛围是学生敢于质疑的保证，具备了这一条件后，教师应该在点拨学生在发问途径和方法上做文章。如，课前自问——通过预习，把需要解决的问题记在笔记本上，能通过查阅工具书和资料获取答案的先自行完成，解决不了的再课堂质疑。如此既培养学生的自主学习能力，又能有效避免浅层的课堂质疑。课堂发问——在动态的教学过程中，鼓励学生随时捕捉、筛选有价值的问题质疑，可以从所学知识的重、难点中，从文章的矛盾冲突中，从标题、公式中去寻找。回顾质疑——新知识传授完后，要给学生留出一段时间质疑问难，便于查缺补漏，加深知识理解。

误区二：只要解决了学生的质疑问题就算达到了目标。在某次公开课展示的评课中，执教老师自评时对课堂中学生的质疑得以很好解答这一环节表示满意。当我追问是否应在学生解疑后，对质疑者提出问题的价值进行及时恰当的反馈时，执教教师恍然。解决了当堂的质疑固然很好，但教师如果不对质疑的内容进行评价，则不利于提高学生质疑的质量与积极性。

解决方案：教师在学生释疑后应进行即时反馈或总结性反馈，对提出有探究价值的质疑者给予真诚的赞扬与肯定，对浅层次的问题引导学生学会甄别，让学生在学习过程中体验什么样的质疑更有意义，从哪些角度质疑更能拓宽发散性思维。

误区三："一人质疑全体释疑"的模式足以完成探究目标。通常情况下，课堂质疑采用的方式是一名学生提出问题，全体同学予以解答。受常规模式影响，很多教师在心理上形成定式，教学中沿用固有思路而缺乏对质疑形式的探索。其实，拓展质疑方法，更有利于提高效率，激发学生的参与意识，提高质疑能力。

解决方案：在指导学生学习质疑初期，对简单的问题可随机指名回答，一方面提高学生听讲的注意力，另一方面培养学生思维的敏捷性。在掌握了一定的质疑方法后，不妨指导学生先将问题按难易、主次进行划分，容易的、次要的先在小组内讨论加以解决。去掉细枝末节，筛选出有价值的问题后以小组展示质疑的形式组织教学，通过全体学生探讨、实验、操作等方式共同研究找到答案，以此逐渐引导学生学会深层质疑。

（作者单位系山东省潍坊市坊子区教育局）

一般来讲，教材、中心句等是比较明显的质疑点，其实教材中还有些不易发现的隐性质疑点更能提高学生质疑的深度。请问隐性质疑点都有哪些？

找到隐性质疑点

□于德明

培养学生质疑能力的途径之一就是教给学生质疑的方法。一般来讲，学生很容易抓住显性质疑点，如课题、中心句、文本的矛盾处、课文内容等提问题，但这还是不够的。因为教材中那些潜在的或隐性质疑点相比于显性质疑点，更能激发学生质疑的兴趣，也更能培养学生发现问题的能力，提高他们质疑的广度和深度，所以更需要引导孩子们发现这些潜在的质疑因素，充分地质疑。那么这些隐性的质疑点都有哪些呢？

其一，特殊的标点符号。作为一种特殊的语文资源，"一标一点总关情"，所以在引导质疑的时候，标点符号也是很好的训练点。比如茅盾先生的散文《天窗》一课中标点符号的运用就有很多特殊之处：（1）文中引号的作用——"天窗"、"无"、"有"、"虚"、"实"；（2）"你想象到这雨，这风，这雷，这电，怎样猛烈地扫荡了这世界"，"无数像山似的，马似的，巨人似的，奇幻的云彩"，列举几种事物应当用顿号，可是作者却用了逗号；（3）"你会从那小玻璃上面掠过的一条黑影想象到这也许是灰色的蝙蝠，也许是会唱歌的夜莺，也许是恶霸似的猫头鹰——总之，美丽的神奇的夜的世界的一切，立刻会在你的想象中展开"，应当用省略号，可是作者用了破折号；（4）"待在地洞似的屋里了：小小的天窗是孩子们唯一的慰藉。"这里冒号有什么作用？

在教学过程中，教师就可以提醒孩子们从标点符号方面来质疑，那么一定能够提出有见地的问题，从而也能更好地解读大师的作品内涵。此外，如《草虫的村落》《"零"的突破》等课文中问号、省略号、感叹号等的运用异同之处，也是引导学生质疑文本、深入文本、解读文本的切入点。

其二，不同的人称。在行文中，有时候根据需要，同样一个人会有不同的人称。比如在《看戏》一文，作者在叙述时，虽然采用的都是第三人称，但却又有异同：在写梅兰芳扮演的角色——穆桂英的文段里，采用的都是女性的人称——"她"，而在后文写梅兰芳本人的时候，采用的却是男性的人称——"他"。这样的人称性别上的错位，不仅是表达的一种需要，更是触摸文本内涵的线索。于是教学中，我就引导学生从人称上去质疑，结果有位女孩子还真提出了很有价值的问题——梅兰芳是男性，可为什么文中一会用"她"，一会用"他"呢？这样就可以顺藤摸瓜，感悟人物演技的精湛和人格的魅力。

其三，课文的插图。培养学生的质疑能力，也需要向教材挑战，而文本的插图就是切入点之一。例如《把耳朵叫醒》一文中，有这样一幅插图——迪斯尼在地下室里绘画，只有老鼠和他相伴。作者在行文中自始至终都只写了一只小老鼠，可是插图中却画了两只老鼠。虽然这可能是配图者的失误，但从学生质疑能力培养方面而言，这也是一个很好的锻炼平台。在教学中可以引导学生向教材挑战，寻找教材中的错误。当孩子们发现插图的失误时，他们也就明白了不能盲信，或迷信于教材，而是要有善于质疑的精神和发现问题的能力。

质疑方法训练的切入点，需要从明显的疑问点向寻找隐性的疑问点深入，这样才能更好地促进学生质疑能力和水平的提高。

（作者单位系河南省西峡县城区三小）

你的学生质疑了吗（二）

课堂中，质疑对于学生意味着什么？如何保障师生双向质疑的有效性？

师生都是质疑的重要元素

□齐向东

新课改倡导学生是课堂的主人，学生是学习的主体，学习是学生自己的事情。落实新课改的课堂观和学生观，需要教师有效地驾驭和调控课堂，引导学生积极参与课堂质疑，在激烈对抗质疑过程中完成学习目标。

有惑所以质疑。韩愈在《师说》中提到"师者，所以传道受业解惑也"，顾名思义就是说老师是传授道理、讲授学业、解答疑难的，韩愈的这句话无疑是对教师职责的很好注解。反过来，对于学生而言，学习是学生的天职，学生参与课堂学习，就是为了学有所获提高素质，课堂上之所以质疑，大多是因为在学习上遇到了困惑，或者是有不同答案和思路，这时才需要质疑。

一节课是包括预习、互动、展示、质疑和反馈等在内的有机整体，每一个环节做不好都会影响到课堂的整体效果。这其中，预习、展示和反馈等环节固然很重要，但是学生的对抗质疑也并非可有可无。站在学生的角度审视课堂，我们可以发现对抗质疑有着重要地位。

学生只要对抗质疑，至少说明学生没有在课堂上睡觉，而是在主动积极地思考和学习，充分表明了学生在参与课堂，这总比学生在课堂上酣睡要好得多。师生或学生的质疑伴随着激烈的争辩，可以激发学生的发散性思维，可以培养学生的创新意识，而且更能提高学生的语言组织和表达能力。质疑总是围绕着某个话题或知识点展开，通过充分的质疑，可以使学生对这个话题或知识有更深刻的体验，争辩过程当中，不同思想火花的碰撞可以生成新的知识。广泛、持久、深刻的质疑，可以使更多学生参与到课堂学习之中，可以使课堂学习气氛更加浓厚。

教师和学生是课堂的两个最主要的元素，缺少任何一个元素都不能构成完整的课堂。做好对抗质疑，同样需要从教师和学生两个角度去努力，才能取得理想效果。

作为教师，思想认识上要转变观念，树立适应新课改的教师观和学生观，充分认识到学生是课堂的主体和主人，教师是课堂的组织者和调控者。作为教师，要舍得退居二线，将课堂还给学生，让学生自由充分地展示和质疑。如果教师满堂灌式地独霸课堂，学生很难有机会充分质疑。作为教师，要给学生创设对抗质疑的因素，比如在设计导学案时，应该设置一些适合学生质疑的问题，课堂上设置一些容易质疑的情境。作为教师，要为学生营造安全的质疑环境，对于课堂上学生的质疑，教师应鼓励和褒扬，而不应该压制和打击。作为教师，要对学生进行培训，教师可以围绕为什么质疑、质疑的重要性、如何质疑、质疑的技巧策略等对学生进行指导。作为教师，还要对学生的质疑进行引导和调控，当学生的质疑偏离了正常轨道时，教师要善于引导。

与之相反，作为学生，也要转变观念，要树立新课改理念下全新的学生观，要意识到自己是课堂的主体和主人。作为学生，要明确质疑是自己的权利，任何人不能剥夺和妨碍自己行使质疑的权利，要积极主动地行使质疑的权利。作为学生，要懂得质疑是知识生成和素质提升的有效途径，要理解质疑是相互提高共同进步的有效方法。作为学生，要懂得尊重其他同学质疑的权利和意愿，不仅自己要充分质疑，还要善于倾听其他同学的观点，查缺补漏取长补短。作为学生，要拓展知识面和视野，只有这样才能更好地质疑。

（作者单位系河北省武安六中）

"满堂灌"和"满堂问"都是传统课堂的形态，在实际教学中，教师经常会遇到教学障碍，不知所措地又回到了"满堂问"的老路。您认为，如何改变这种状况？面对课堂中学生的质疑问题，又如何及时矫正？

别让"新课堂"回到"满堂问"

□齐志海

课堂，是学生学习的阵地，在课堂教学中，作为教学主体的学生的"质疑"是教学的开始，忽视这一点，课堂就失去了生命力。因此，我们说"质疑"是课堂教学的灵魂。

在新课程指引下，课堂教学正在发生着变化，传统教学的"满堂灌"已销声匿迹，但传统教学思想又以另一种方式影响着我们的课堂。"满堂灌"变成了"满堂问"，这里的"问"是教师通过备课设计出一系列的问题，课堂上由教师通过不同的方式提出来，学生只是被动地思考并回答老师的问题，老师问完了，教学也结束了。教师仍是课堂的主宰，学生仍是被动地接受，被动地思考，虽然形式变了，但学生由"知识的容器"变成了"问题的容器"，实质仍是传统课堂的翻版。

这种状态下，学生学习的主动性得不到调度，思维被禁锢在教师的思维中，毫无自主学习的空间与自我探究的机会，根本体验不到学习的乐趣。

新课程强调学生是课堂学习的主体，课堂教学中的"质疑"不是教师的"精心提问"，而是学生自我建构下的有感而发，有疑而问。课堂从学生"质疑"出发，通过师生合作、生生交流，共同走向探究之路，呈现出我们期待的"生龙活虎，争先恐后，欢呼雀跃，生机盎然，余味无穷"的局面。但在课堂实践中，老师们经常会遇到各种教学障碍，在不知所措的困惑中，只得回到"满堂问"的老路。怎样改变现状呢？

首先，我们要树立改革的信心与勇气，更新教学观念，摒弃传统的教学思想，改变不正确的课堂行为，积极接受新课程，并用新课程理念指导我们的行动，矫正课堂"质疑"主体的错位行为，真正让学生成为课堂质疑的主体。

其次，面对课堂上发生的问题，做积极的反思，并拿出矫正的行动。

学生不"质疑"怎么办？遇到这种情况，大家往往把责任归咎为学生不积极，无奈之下，教师只得把自己预设的问题提出来，于是课堂又走上了"教师问，学生答"的老路。实践证明，如果学生有问题，老师又设置了提问的平台，他是一定会提问的。关键是学生脑子里或手头上根本就没有问题可以问。

为了让学生能在该问的时候提出问题来，"自学文本"时教师就要给学生提交任务——"一定要围绕目标提出你的问题"，并在自学过程中积极引领；"合作交流"时，教师要再次强调"同学们在解决问题的同时，要将有价值的问题整理出来"，并在学生交流中，教师参与并指导学生整理有价值的问题。如此，教师提供了质疑平台，学生自然会提出有价值的问题。

"质疑"水准不高，"跑题"或"逾界"怎么办？作为教师无不希望学生的"质疑"有价值，而这种价值体现在课堂"质疑"的思维量是否紧扣学习目标。要让学生的"质疑"紧扣目标，教师需要做的首先是要注意在"感知目标"环节，通过学生的预习交流，真正将实现目标变成每个学生学习的动力，其次是在自学与交流中不断做有目的的强化。比如：自学时可对学生做出这样的引领"请大家在解决问题的同时，积极思考，围绕目标的达成，将自己的疑问整理成问题，写在你的课堂笔记本上"，或说"张三同学提的问题既多，又紧扣目标，说明他的思考很深入，要向他学习"。如此而为，不仅能激发学生思维，而且能专注于当堂学习的目标。这样的自学会格外有效，尤其是培养了学生好的学习习惯。同时，学生在自学状态下产生的目标未免肤浅，所以在"小组交流"前，教师要做出这样的强调："把自己的疑惑在小组内提出来，与同学讨论解决，把小组不能解决的问题请科代表整理出来，写在笔记本上。"实践证明，教师在仅仅做出这种面上的引领与强化的时候，全班学生的思维与行动就变得格外积极且有效了。

"质疑"不主动、不积极，经常出现"冷场"怎么办？学生有问题都不积极"质疑"，除了课堂准备不足，缺乏自信，还有一个原因是内驱力不足。学生的课堂"质疑"的内驱力从哪里来呢？首先，来自教师对问题情境的创设和引领，来自老师的带动与鼓舞；其次，来自学生自身的责任，这个责任是来自"团队"（小组）的，团队成员在学习过程中的相互配合，协调分工，共同达成是至关重要的一环。为此，教师在组织学生的课堂质疑时，一定要强调学生所在的团队。他的"质疑"来自于团队，他的成功也归功于团队。这就要求教师在组织学生小组交流时，一定要进行明确的分工，并在组织教学中进行责任强化，使学生以"质疑"为己任，从而积极参与到课堂学习中来。

"质疑"热情过高怎么办？导致学生情绪高涨的因素很多，作为教师的责任就是要相机而动，做及时而有效的课堂调控。有的老师不知其中利害，不懂调控课堂，结果课堂乱成一锅粥，等将失控的课堂组织起来，既耽误了宝贵的课堂时间，学生热情也开始回落了。教师一定要积极引领，准确调控学生的热情，这样才能保障课堂"质疑"的有效性。

（作者单位系山东省济阳县竞业园学校）

小学生独立思考和认知能力有限，如何引导这样的低年级学生走向质疑呢？

为学生畅言撑起"安全伞"

□刘　畅

传统课堂，教师被学生奉为权威，他们唯老师的言语为"圣旨"，回家总会对家人说老师怎么讲怎么讲。在学习上他们当中不少人会认为教师不会有差错。因为创新的意识、胆识被传统教育思想束缚住了，学生循规蹈矩，不敢越雷池一步，不想标新立异，即使偶有另辟蹊径的"非分"举动，往往也会在初尝失败的苦涩后就心灰意冷。这反映了学生在创新能力方面存在严重的缺陷。如何引导学生走出对教师的言听计从，进而有所创新呢？

首先，要打破学生对老师的完全听从，不要把老师的话当"圣旨"，要让他们用质疑的态度去听老师的讲解，用批判的眼光去看待周围的事物，因为没有怀疑就没有科学的发明，就没有人类社会的进步。因此教师要淡化自己的权威角色，更无需扮演一个时时事事都绝对正确的角色，而应实事求是地告诉学生，老师有时难免也会犯错误。在课堂教学中，老师可有意让自己有一点"错误"，要有意让学生去发现、去纠正。教师可以表扬首先发现错误的学生，这样既可以引起学生对这类易错题的注意，也可淡化学生对教师的听从心理，应该说这是一种教学机智。

其次，要让学生善于读题，要求学生善于选择题目所提供的信息，及时调整思维角度，改变原来的思维过程，不固执己见，不拘泥于陈旧的方法，找准解决问题所需的条件，从而有利于培养思维的灵活性。如：学校买来故事书 8 包，共 240 本，连环画 6 包，每包 50 本，连环画比故事书每包多多少本？要让学生会取舍条件。

再次，要多表扬、鼓励学生。学生的心灵纯洁而脆弱，对老师的言语和态度过分看重，这就要求教师要从点滴做起，时刻不忘维护学生在学习方面的自尊心与自信心，给学生以一种安全感、信任感。在教学中教师激励性的语言能激发学生长久的探索欲望。例如，学习新知中，教师用激励性语言"你的想法很棒"、"你的解题思路很有新意"等增加学生的自信心。当有疑问时可以说"还有不同的见解吗"、"还有更好的解决办法吗"、"还有更简单的方法吗"等鼓励学生质疑问难。当学生回答正确时，说"讲得很好"、"棒极了"、"真聪明"等，使学生体验到成功的快乐。当学生遇到困难时，要多用鼓励性语言"不要紧张"、"再想想"、"慢慢说"、"你能行"等，使学生始终保持积极向上的乐观情绪，从而激发学生主动学习的积极性和探求知识的原动力。

我国古代教育家朱熹说过："学贵有疑，小疑则小进，大疑则大进。"提出问题往往比解决问题的创新成分更多。正确对待低年级学生提出的稀奇古怪的问题，正确处理学生在提问中的错误，鼓励学生敢于提出标新立异的问题，逐步使学生由不敢提问、不懂提问转化为敢于提问、乐于提问、善于提问。这样既可以引导学生对课本的公式、结论、解决问题的方法质疑，也可以对教师、自己和他人的见解等方面进行质疑。要培养学生对任何事物多问几个"为什么"的习惯，要尽量保护学生大胆质疑的精神。

小学生受知识水平、认识能力限制及先前知识的影响，理解问题容易受到框框束缚。教学中我们应训练他们的求异思维，鼓励他们标新立异。

总之，教师要为学生在吸取知识过程中的畅想畅言撑起一把"心理安全"的保护伞，要为学生课堂发言敞开一条自由的通道，要把学习的主动权真正交给学生，这样才能让学生养成思考、质疑、立异的习惯，启迪学生的创造性思维，激发学生的创新意识。

（作者单位系北京市七一小学）

你的学生提问了吗

知识传授性教育遇到困境，因此教育需要变革，但变革需要寻找新的基石，并建立新的教育框架。您认为，可能的基石和框架是什么？

问题解决是教育变革的基石

□张卓玉

教育的使命是促进和保障人的健康成长。从人的成长意义上看，问题及问题解决构成了人的成长的基本元素。遇到问题，解决问题，在这个过程中获得了知识，提高了能力，培养了态度，感受到了人生的意义。这就是成长。教育所能做的，就是促进和保障学生的成长，仅此而已。

为了与知识传授性教育比较，我们把这种基于人本主义哲学、以问题解决为主要教育框架的教育称为问题解决式教育，或人本主义教育。

人本主义教育的起点不是学生要学习哪些知识，而是学生遇到和解决哪些问题。问题解决成为教育哲学的第一概念。教育的所有任务都是在解决问题的过程中完成的。

第一，问题解决过程天然地将知识、能力、态度培养等教育内容融为一体，不存在三者孰轻孰重或顾此失彼的问题。面对问题，学生要辨析问题的实质，要设计解决问题的方案，在诸种方案中要做出最后的选

择，要组织一个团队，要在团队中寻找适合自己的角色，要为解决问题
而查阅资料，请教老师，要与团队成员或他人表达自己的想法，要以报
告、设计等多种形式呈现解决问题的结果等等。这是学习、获得知识的
过程，同时也是培养分析、判断、选择、制作、讨论、合作等能力的过
程。问题的性质、类别及其解决过程自然地调节了知识、能力、态度等
各种教育任务的关系。

第二，学生在解决问题的过程中习得了知识，或者说学生是为了解
决问题而去学习知识。这是新教育的关键所在：是因为此时此刻的活动
需要而去学习知识，而不是因为未来有用而去储存知识。这种学习首先
解决了学生的学习动力、学习热情的问题。教师不需要诱导或强迫学生
学习。其次，学生不仅力图获得知识，而且在获得知识的过程中与知识
建立了感情。知识解决了学生当下的问题，帮助学生有所成就，学生能
体会到知识的价值、知识的功能。学生因此把知识看成是自己的知识。
再次，因为应用的原因，学生不仅记住，而且真正领悟知识。人们熟知
教育的一种规律：听到的可能忘记，看到的可能记住，只有用过的才能
领悟。问题解决式教育无疑能够极大地提高学生对知识的领悟水平。

第三，学生获得知识的轨迹不是学科知识的体系，而是问题解决的
需求。因此，学生的知识结构具有网络性和开放性的特点。当学生通过
问题解决而习得知识时，他们是依据兴趣、需要和智力水平而学习的。
因此，学生可能根据某个问题的解决、方案设计的需要而对某个领域的
知识或某个知识点有更广更深的了解。同时，学生的知识由问题解决的
需要而横向辐射。

第四，问题解决式教育为学生有个性地发展提供了广泛的可能性。
从知识传授性教育走向问题解决式教育，就是从计划经济走向市场经济，

能够极大地释放学生的潜力，充分满足学生个性和潜能的发挥。而满足个性与潜能的发展模式是人本主义教育思想的基本追求。它的意义不仅仅在于人才的培养，更在于每个人的生活方式与生存质量的改善。教育的功能性追求是培养优秀人才，而人本主义教育更关注的是每个受教育者的成长与幸福。

第五，问题解决式教育有助于整合和利用一切可以利用的教育资源，而不只是校园内的教材、教师。问题是基本的教育单元，而问题可能来源于校园、社区、家庭，或每一个学术性学科。显然，一旦横亘在学校与社会之间的看不见的围墙被拆除，教育的可用资源将是无限的。

总之，从以知识传授为起点的教育走向以问题解决为起点的教育，是一场哥白尼式的革命。这场革命力图使教育从成人为学生设定的生活回到学生的真实生活，从作为认知结果的知识体系回到认识起点的问题解决，从过去与未来回到现在。

（作者单位系山西省教育厅）

请对比知识传授性课堂，分析以"问题"为主体的课堂本质是什么？在课堂实践中，如何把"问题"贯穿到教学流程中？

"问题"主体，实现生命对话

□李志欣

记得学生时代，课堂留给我的印象主要有两种，一是教师的风格，如幽默、严谨、智慧、激情等；二是教师的素养，如写一手漂亮的毛笔字、说一口标准的普通话、会唱几段京剧等。再就是一些诸如表扬或批评的感触性较深的细节。对于教师的教学行为，课堂里生成的、共同关注的"问题"，却大都失去印象了。当时，每个教师基本遵循一样的教学流程：复习旧知、导入新课、讲授新知、巩固训练、布置作业。学生的学习行为大体不外乎被动听课、回答提问、做题背诵、完成作业等。从小学到中学，似乎没有多大的变化。

这其实就是典型的以"教师"为主体的课堂行为的表现。这样的课堂，教师处于绝对权威地位，学生失去了主动和自主学习的权利和意识。课堂不是以思维性"问题"为主线，而是跟着教师的讲授学习知识，听不明白的即课堂的"问题"。

好在过去以"教师"为主体的课堂行为的不足已被多数人意识到，于是新课堂行为应运而生，课堂以学生学习与展示为主，甚至让学生走上讲台主持课堂教学。教师走下讲台，做学生的帮助者，这样的课堂是以"学生"为主体的课堂。

在大家纷纷推行以"学生"为主体的课堂改革中，我发现了一种普遍现象，为了尽快在全校落实以"学生"为主体的教学行为，学校往往"强迫"全体教师采用统一的教学方法、执行统一形式的教学方案等一连串控制教师行为的动作，目的是逼迫教师给予学生更多或完全的自主学习时间，落实"学生"主体。

对于这种课堂，因全校所有教师统一一种模式，便抹杀了教师的鲜活个性，忽略了教师应起的引导与影响作用。这样的课堂不是定位在"问题"这一主体上，而是定位在把课前或课后已经解决的问题拿到课堂上展示与分享。课堂因此缺失育人功能和心灵呼应，无法生发它的价值和意义。在这样的课堂上，学生就像驯兽师训练出来的动作模式化的动物。

过去是教师自发控制学生，现在是学校通过控制教师再到控制学生，实际上以"教师"和以"学生"为主体的课堂都是"专制"思想下的产物，不是心灵自由的课堂。殊不知，一节真正的理想课堂应该是在自然的秩序中，学生在教与学的互动中感到安全、舒适，并有智力上的追求、兴趣上的保持、情感上的温暖，这样的课堂效率最高。

我越来越感受到，课堂中应该有第三种形式的主体在起作用。在这样的课堂上，教师和学生应该同时专注这一主体，从而自觉地内生一种新的课堂秩序。在这样的课堂上，教师不再依赖教参、考纲和教材来维系教学，师生都在追求智力拓展和延伸。教师不会通过控制学生思维来管理课堂，而要用专业魅力去牢牢地抓住孩子们的好学之心。教师的教始终追随着学生的学，师生共同沉浸在思维冲浪的兴奋中。

基于上述分析，我在课堂教学实践中，依据新课程标准理念，确定了教学的三大原则：先学后教、以学定教和善学促教。这就直接体现了教是追随学的课堂行为。同时，我打破传统课堂教学流程，重新建构为"目标定向、自主学习、合作探究、点拨拓展和达标评价"五大环节，根据课堂"问题"设计将自主、合作、探究学习理念合理分布于课堂的恰当时空。在备课时，将"学习点"拆成思考的问题，按课堂环节螺旋式递进呈现，实行学习赋权，通过学生自主、合作、探究、展示、诊断，不断暴露问题。

这样，"问题"这一主体就真实存在了，教师可以当学生，学生可以当教师，彼此都以"问题"的名义向对方发表见解。学生不再只关注教师，教师也不再只关注学生，师生形成同一的学习共同体，一切以"问题"为纽带进行活动和管理。

以"问题"为主体的课堂文化，尊重差异，没有歧视，它是信任的课堂、勇敢的课堂和公正的课堂。课堂"问题"是主流价值观统领和知识与思维魅力主导下的"问题秩序"，而不是徒有表面模式的"形式秩序"。

在设计问题时，努力避免大量的机械训练，关照知识的来龙去脉与相互联系，为独立思考和探究新问题创造机会。在这样的课堂上，学生不仅会自己发现问题，生成精彩的观点，掌握其中的规律、性质和联系，还必须用语言独立地、清晰地表述自己探寻问题的过程与思路。

以"问题"为主体的课堂是真正实现生命与生命对话的课堂。学生不会被忽略，"问题"会把他们引进一个比他们的经验和自我世界更宽广的世界。教师也不会被忽略，教师的任务是激活课堂主体，把自己的"知识与生活"经验与学生已有的经验自然对接。师生能够直接进入彼此的话语、思维系统与生活、人格背景。

（作者单位系山东省利津县北宋第一中学）

作为一线教师，如何巧妙地设计问题，为学生的独立思考和探究创新提供机会？

教师的问是为了让学生会问

□ 王 敏

子曰："学而不思则罔。"叶圣陶说："智者问得巧，愚者问得笨。"提问的重要性可见一斑。在课堂上学生的思维如一泓平静的湖水，而提问就好像往湖水中投入一粒石子，让学生的思维活跃起来。课堂提问设计的好坏，是决定课堂教学效果的主要因素之一。所以如何提问是一门很有技巧的学问。

一、掌握提问时机

子曰"不愤不启，不悱不发"，充分说明了提问时机的重要性。提问时机应该在学生似懂非懂、似通非通之时，及时提出一些铺垫性的问题，引导学生一步一步地向预设的结果靠近，或提出具有启发性的补充问题，引导学生沿着符合逻辑的思路去分析和研究，寻求解决问题的方法。如在讲《为你打开一扇门》时，在学生理解完课文以后，我设计了这样一个问题："作者写这篇文章目的是为了让青少年认识到文学的重要性，那前边两段为什么要写其他门呢？是否有点跑题了？"同学们一下子睁大了眼睛，用心地去思考答案，这样在引起大家的兴趣的基础上又能对课文有更深层次的理解。

二、提问要注意适当的高度

教师在设计问题时，一定要让问题具有探究价值，要让学生"跳一跳，才能摘到桃子"，太难或太易的问题都会影响学生探究问题的热情。现在课堂上好多"对不对"、"是不是"的问题，没有任何实际意义，大家只要回答对或不对就行了，而另外有些问题因为过于大或空泛，学生不知道从哪儿下手，所以也没有作用。因此，我们在设计问题的时候，一定要多考虑学生的实际情况，这样才能让学生有更好的思考。

三、引导学生学会提问

爱因斯坦说："提出一个问题往往比解决一个问题更重要。"让学生掌握答案不是我们的目的，而让学生敢问、会问、善于发问才是我们最终的要求。只有学生自己能从文本中找到问题，才能更加主动地思考，从而把书上的内容变成自己的。所以教学不仅要让学生学会解决问题、掌握方法，更重要的是培养学生发现问题和提出问题的能力，学生自己经过深思后提出的问题对他们来说才最有思考价值。

　　在课堂教学中，教师应重视培养学生的问题意识，有目的地创设一种能促使学生提出新问题的情境，启发学生挖掘知识的疑点，创设宽松的氛围，让学生将自己对问题的新想法、独特的理解大胆展示出来。对于浅显易懂的学习内容，可以安排学生自学，自己提问，自己分析，自己解决。比如在讲《在烈日和暴雨下》时，我改变了以往的那种我讲学生听的方法，而是让学生先看标题，"你能问出什么问题"。学生经过短暂的思考后，分别提出了"谁在烈日和暴雨下"，"在烈日和暴雨下干什么"，"烈日和暴雨对人物有什么影响"，"两个极端强烈对比的天气放到一起有什么作用"等等问题。然后学生再带着这些问题去书中找答案，效果非常好。

　　总之，教师只要在课堂教学的各个环节中做好铺垫，精心设计问题，力求问题设计有坡度，有层次性，面向不同水平的学生，使全体同学都能积极主动地投入到思考中，就一定能提高课堂效率。

（作者单位系河南省鹤壁市淇县第五中学）

第三章

学生实现自主、主动的途径

　　新课程理念下的自主、合作、探究并不缺乏理念的深入，我们更需要锁定实践暴露出来的问题，以问题解决的方式加以消解，需要追问自主学习与自主管理的关联，需要解构一种科学的合作流程，最终辅助学生形成富有自主性、主动性和创造性的能力。

学生自主力

人本主义教育思潮呼唤中小学生的自主性，它包含自主学习和自主管理两个维度，它强调学习和管理是学生自我发起的，学生可以自我促进、自我成长，可以对自己的成长主动负责，并不断进行自我评价和修正。那么，如何培养学生的自主力呢？

对话嘉宾

庞维国　华东师范大学心理与认知科学学院教授

董　琦　北京大学附属实验学校校长

汪名杰　安徽省东至县教育局教研室主任

对话主持　梁恕俭

自主就是自己翻箱子

新课堂下的"自主学习"，用教育家吕叔湘先生的话通俗地来解释，那就是"老师给学生一把钥匙，他拿了这把钥匙能够自己开门、翻箱子，到处去找东西"。

梁恕俭：自主学习一般是指个体自觉主动地确定学习目标、制订学习计划、选择学习方法、利用学习资源、监控学习过程、评价学习结果的过程或能力。那么如何界定"自主学习"？自主学习与自学有什么区别和联系？

庞维国： 如果学生的学习动机是内在的或自我激发的，学习内容是自己选择的，学习的方法是有计划的，学习的时间是定时而有效的，学习时能够对学习过程做到自我监控，能够主动营造有利于学习的物质和社会环境，最终能够对学习结果做出自我总结和评价，那么他的学习就是充分自主的。

自主学习与自学在含义上有很大的交叉，但是也有所不同。在通常的语境下，自学主要指个体自己学习，它强调学习的独立性；而自主学习强调学习过程中的自我启动、自我管理、自我调节。在自主学习中，个体遇到学习困难，主动寻求他人的帮助，这是一种自主性的表现，但学习已经不是独立的了。因此，合作学习有时也可视为集体的自主学习，但不能视为自学。

董琦： 自主学习就是尊重学习者的个性发展、发挥学习者主观能动性的学习方式。自主学习的基本理念是以学习者为中心，让学习者变被动学习为主动学习。自主学习与自学的共同点是学习者都有自我学习的空间，主要区别是学习目标取向和学习持续状态的起因不同。

汪名杰： 与"自主"相对的是"他主"，"他主"的特征是学习是老师的事，老师包办一切，学生只管张嘴倾耳接受，不去问为什么。新课堂下的"自主学习"，用教育家吕叔湘先生的话通俗地来解释，那就是"老师给学生一把钥匙，他拿了这把钥匙能够自己开门、翻箱子，到处去找东西"。

不妨用一个例子来谈"自主学习"和"自学"的区别。比如，老师布置写作文"美好的瞬间"，有自学习惯的学生心里想着，回家什么也不做，先把作文完成，这是任务。而有自主学习习惯的学生会从查阅资料、审题、选材、时间安排、合作探讨等方面全盘考虑，然后一步一步实行。当然二者完成任务的主观意识都很浓。

自主之船，需要自主之桨

大凡在促进学生自主能力方面做得比较好的学校，在管理上基本围绕"能力上自信，学习上自主，行为上自觉，生活上自理"这一整体目标进行的。

梁恕俭：从学生自身、教师教学、学校管理的角度看，影响学生自主性的因素有哪些？目前，全国中小学生自主学习发展状况如何？

庞维国：影响自主学习的因素非常多。就学生本身来说，自主学习实际上主要涉及"能不能学"、"想不想学"、"会不会学"三个方面。"能不能学"，反映的是学生的认知发展水平对学习的制约作用，低年级由于其自我意识、自我监控、自我评价能力都没有发展起来，所以自主学习很难，充其量只能进行局部要求，到了初二就可以提高对他们的要求。"想不想学"，实际上就是学生的内在学习动机问题。学生对某些学科内容感兴趣，或者感到有用，他的内在学习动机就强，学习自主性就强。"会不会学"，是指学习方法问题。学生掌握了一定的学习方法（如阅读方法、写作策略、解题方法），就可以摆脱对教师和家长的依赖，增强学习的自主性。

从教师方面看，影响学生自主学习的主要因素是教学方法。譬如，课堂上习惯于讲授，学生自己能学会的教师也讲，就在很大程度上剥夺了学生自主学习的机会，影响了其自主学习能力的培养。从学校管理角度看，能否放手激励学生自主学习是一个重要因素。大凡在促进学生自主能力方面做得比较好的学校，在管理上基本围绕"能力上自信，学习上自主，行为上自觉，生活上自理"这一整体目标进行的。

整体看来，我国中小学生的自主学习状况不好。主要原因有二：一是为了应试，教师和学生对学习都不敢掉以轻心，把学习的重点放在学习内容的掌握而不是学习方式问题上；二是我国课堂上以教师为中心的教学特征根深蒂固，学生围着教师转的现状需要很长时间来转变。

董琦：目前受应试教育的影响，绝大多数学校的评价方法主要以笔试为主，比较单一，不同程度地制约着自主学习活动的开展。一部分教师的教学观念不能彻底转变，存在着不讲不放心、不讲考不好、不讲未尽责的思想，这种做法在很大程度上抹杀了学生自主学习的积极性和创造性。另一方面教师处理不好收与放的关系。一是不会放，不知道怎样让学生自主学习，哪些内容可以放给学生自主学习。二是不敢放，生怕放了课堂上乱糟糟的，影响教学秩序和教学进度。三是不会收，课堂上自主学习多长时间，学到什么程度，自主学习以后怎么办，如何解决学生在自主学习过程中还存在的不懂问题，也就是说不会收网。

自主学习的发展状况主要有下列不足：理论层面构建多，实践层面偏少；外延高谈阔论多，内涵发展推广少；中学生自主学习多，小学生特别是中低段学生自主学习实践少；文科知识自主学习多，理科知识自主学习少；各种展示课上自主学习做得多，常规课上坚持做得少。

汪名杰：学生个体是自主学习之船。现在的孩子普遍娇生惯养，衣来伸手，饭来张口，自理能力差，要想让他们开动自主学习之船，是要下很大气力的。教师理念是自主学习之桨。一根针、千条线，归根结底课堂变。教师嘴上说"学生是课堂的主人"，但是改不了唱独角戏的习惯，船将行之而桨不动，学生又怎么能成为自主学习的主人？学校评价是自主学习之舵。如果教师要课改，推行自主学习，校长不放心，开会就讲"别整花花点子，把学生看好了，多做题目，成绩自然就上来了，黑猫白猫，捉到老鼠就是好猫"，教师还敢尝试吗？舵不灵则方向不明，方向不明则桨乱舞，桨乱舞则船原地转圈。

"扶"是为了更好地"放"

"教是为了不需要教"，从"需要教"到"不需要教"，这里有一个逐步放手的过程。凡是学生自己能够学习掌握的内容，教师都不要越俎代庖，要让学生自己掌握。

梁恕俭：自主学习、自主管理有何策略？教师如何放手，又如何做"推手"？

庞维国：自主学习策略很多。从学习心理学角度看，可以分为三类：一是认知策略，如记单词的方法、背诵古诗的方法、解题方法等。二是元认知策略，也就是对学习的自我监控、自我指导、自我评价策略。三是资源利用策略。如利用网络查找信息，遇到学习困难时找合适的人提供合适的学习帮助。"放手"的基本原则是：凡是学生自己能够学习掌握的内容，教师都不要越俎代庖，要让学生自己掌握。当然，对于没有掌握良好的自主学习方法的学生，要事先给予引导。教师做"推手"的时机是：学生自己学习不能掌握相关内容，在老师的帮助、点拨下才可以掌握。换言之，如果教师发现学习内容存在"我有你没有"、"我懂你不懂"、"我能你不能"时，就要做学生学习的"推手"。

董琦：教师要少讲、精讲，有些问题稍加点拨，采用启发诱导的方法，提高学生的自主学习兴趣。要给学生充足的时间去操作、去思考、去交流，让学生自己去发现问题，分析问题，得到答案，这比在他们还懵懵懂懂的情况下，老师把结论塞给他们要好不知多少倍。

指导学生自主求知的方法，要给学生自主质疑的权利。学生能够发现问题，并且敢于向老师提出来，这是他们通过自主学习，主动钻研的结果。自主学习要着重培养学生自主识别、自主选择、自主摄取、自主调控的能力，而自主学习能力的形成依赖于教师有意识地按照能力形成的规律，去指导、点拨与调控。

谈及自主管理，我们学校的做法是无条件信任学生，放手发动学生。比如，我们让学生监督、评价课堂，学习小组的评价与管理也交给学生，学校常规的检查靠学生来落实。我校是寄宿制，宿舍管理是锻炼学生自主能力的好机会。依据学生拟定的标准，学校把宿舍评定为三个等级，分别是自强特区、自理花园、自管属地。获得"自强特区"封号的，根本无需老师操心；而命名为"自管属地"的，则需要宿舍管理老师的督导；"自理花园"处于中间状态，若有进步，达到一定的标准，则升格，若自理不善，则降级，升降全是学生说了算，半学期调整一次。

汪名杰：叶圣陶有一句名言："教是为了不需要教。"从"需要教"到"不需要教"，这里有一个逐步放手的过程。放手前要"引"，开始"或扶其肩，或携其腕"，"继而去依赖，尤恐足未健"，让学生掌握自主学习的要领。放手中要"扶"，扶是为了更好地放。当学生养成了自主学习的习惯，能够自己调控自己的学习流程，可以自觉开展有效学习，教师就可以全放了。教师作为自主课堂的推手出现是为了让自主学习更高效实效，拨开云雾见青天。

自主是成长的必要条件

自主学习是成长为独立个体的必要条件，是终身发展的保证。社会的前进和发展，都离不开个体的自主学习、自主探究和创新能力。

梁恕俭：怎样评估学生的自主学习能力？自主学习的终极追求是什么？

庞维国：我们可以用两种经验型的评估方法：一是过程评估法。如果发现学生主动学习，在学习过程中能够相对独立，又能很好地管理和引导自己的学习过程，学习效果较好，我们就可以说他是高水平的自主学习者。二是结果评估法。一个高水平的自主学习者，在学习结果上往往表现为"多学"、"深学"、"先学"。也就是说，没有要求学习的，他也主动去学；没有要求学习思考这么深的，他会主动深入思考；没有要求事先学习的，他已先行学习掌握。因而，我们可以根据这三个表现来评判他们的自主学习水平和能力。

学生终究是要走出校门的。在他以后的成长过程中，大量的知识技能要靠自己学习掌握，而且这种学习是终身的。所以说，自主学习是成长为独立个体的必要条件，是终身发展的保证。社会的前进和发展，都离不开个体的自主学习、自主探究和创新能力。

董琦：首先要建立一个学生自主学习的评价机制。在评价实施上，教师是学生自主学习评价的引导者。学生通过自主学习这一评价机制，进一步体验自主学习的过程，感受自主学习的快乐，反馈自主学习的困惑。自主学习的终极追求是践行"一切为了学生发展"的教学理念，落实新课程倡导的"自主、合作、探究"学习方式。

汪名杰：评估的核心就是看学生的学习是否具有"四学"（愿学、乐学、会学、创学）和"六性"（主体性、选择性、独立性、能动性、有效性、合作性）的特征。自主学习的终极追求是建构高效实效课堂，将教师从繁重的应试怪圈中解脱出来，研究教法学法。学生学习方式的转变将会牵引出思维方式、生活方式甚至生存方式的转变。学生的积极性、能动性、独立性、创造性将因自主而提升。自主学习让学生不仅成为课堂的主人，而且成为生活的主人，成为独立的、自强的、有社会责任感的人。

主编手记：《中国教师报》呼唤"新教师"、"新学校"、"新课堂"、"新学生"。其中，"新学生"的目标是培养现代社会具有创新能力、合作意识、自主能力、民主观念，既是自己发展的主人，也是自己精神的主人的新时代学生。这里我们呈现自主学习的三种类型、六个方法、九项策略，以及学生在学校生活中的自主管理实例，是为了表达一个观点："没有自我教育，就没有真正的教育。"自主管理靠谁实现？靠学校支持、教师引导、学生践行。

学生合作力（一）

评价新课堂学生的学习效率有三点参照：学生的自主程度、合作效度与探究深度。继推出"学生自主力"策划后，我们锁定新课堂的合作环节，广泛征集一线中存在的困惑，以问题导引、嘉宾答疑的方式，从学生的合作意识、合作形式、合作效度、合作评价以及教师在合作中的作用这五个维度入手，问道课堂。

【问题导引】合作"假热闹"

作为学校的教务主任，我的印象中，课改的最大瓶颈就是合作学习。我们的课堂往往出现这样的合作场景：老师合作指令发出后，学生首先是一脸迷茫，大家你看我，我看你，接着是一阵"假热闹"。有的小组两三个人同时抢着发言，你说你的，我说我的，谁也不听谁的；有的小组始终只有一个人发言，其他人心不在焉地坐着；有的小组互相推辞，谁也不发言；有的小组借机闲聊、说笑或者干别的事。

【嘉宾解答】

学生"合而不作"的现象，透露出他们不具备合作意识。如何培养学生的合作意识呢？下面的寓言或许会给我们以启示：一个瞎子和一个瘸子，两个人要到达同一个地方，单靠一个人的力量是无法完成的。好在瞎子是强壮的，瘸子的眼睛是好的，所以瞎子和瘸子一拍即合，瞎子背起瘸子，瘸子指引着瞎子，两个人顺利到达了目的地。

共同的目标是产生合作意识的基础。寓言里的瞎子和瘸子想要快速安全到达同一个地方，这是他们的共同目标。学生进行合作学习，首先要明确本节课的学习目标、每个小组的学习目标、每个小组中每类层次学生的学习目标，目标明确，学生才知道需要做什么。

彼此的互补性是达成合作意向的强烈需要。瞎子和瘸子都清楚自己的缺陷，一个看不见，一个走路有障碍，但也非常清楚自己的优势，一个能看，一个健走。想要快速安全到达目的地，只有进行优势互补，这使得他们的合作意向比正常人要强很多。我们在合作学习中要引导学生能够正确认识自己的长处和不足，同时也要能看到他人的长处，以人之长补己之短。在具体的小组学习合作中，擅长书写的就多书写，擅长朗诵的就多朗诵，擅长绘画的就多绘画，小组内成员各发挥所长，合作学习就能产生最佳效果。

合理分工和正确的方法指导使合作意识变为有效现实行为。瞎子和瘸子的合作，如果让瘸子背着瞎子跑，结果大相径庭。所以有了共同的目标和明白彼此的长短后，还要进行合理的分工和方法指导。在具体的小组合作学习中，老师、组长和组内的科代表都具备这种分工和学法指导意识，才能使合作学习由意识变成有效的行为方式，并最终实现学习目标，同时目标的实现又会使合作意识得到进一步强化。

合作的价值是共享和互补，学生因共同目标而产生合作意识，因互补需要而强化合作意识，因合理分工和正确方法指导而使合作意识变为有效行动。　　　　　　（作者系广东省海丰县德成中英文学校汤宪友）

【问题导引】分组随意

曾见到教师这样组织合作学习："下面分小组学习，你们可以随意组合，你想跟谁在一组，就与谁在一组。"学生自由组合，有的小组十几人，有的小组两三人。这时有一个小女孩，看上去腼腆内向，走到老师面前，委屈得要哭出来："哪个小组都不要我……"经过老师的劝导，终于有一个小组很不情愿地接受了这个女生。

【嘉宾解答】

这个案例中存在的问题是分组过于随意，似乎体现了把选择学习伙伴的主动权让给学生这一现代教育思想，但违背了合作学习相互尊重、互补互助、共同提高的原则，使某些智力、性格、交际行为有缺陷的学生自尊心受到了伤害。要使合作形式为学习内容服务，解决"伪合作"的问题，就要做到恰当分工，合理分配任务，并且遵循异质互补原则。我们必须构建结构合理的合作小组，小组成员要明确自己的职责。

在日常课堂教学中，最常见的小组合作学习形式是按前后座位自然分成 4 人小组，座位的编排，往往又是按学生的高矮次序和男女生搭配而成的。这样分组虽然开展小组活动简便易行，但人员搭配不合理，不利于让不同特质、不同层次的学生进行优化组合、优势互补、相互促进。因为，合作动机和个人责任是合作学习产生良好教学效果的关键。小组成员间能否建立起积极的互动关系，每个人能否明确并积极承担在共同完成任务中个人的责任，都有赖于教师对班级学生的合理分组。在实践操作中可以施行双向选择，即组长选组员，组员也可选组长，只要遵循"组间同质，组内异质"的原则即可。

一般说来，科学的分工还要注意以下几点。（1）因人因事设岗——

分组时可以进行这样的搭配：男女学生搭配，学习基础好、中、差学生搭配，能力不同者搭配，不同特长者搭配，不同家庭环境者搭配。合作学习中，老师对每个学生的特长要心中有数，因事定人，确保个人发挥最大优势，而成员间又优势互补。在角色自愿挑选无法进行的情况下，老师一定要及时进行引导和干预。（2）责任目标明确——小组组成后，各小组内产生组长、记录员、发言人、资料员等，在明确各人职责的基础上分工合作，确保人人有事干，一定要杜绝像上例中的无事干现象。一次合作中角色要固定，多次合作中角色可轮换。（3）关注极端情况——学困生要安排专人指导，老师要给予关注，以保证学习任务的完成；优生必须有明确帮扶对象，谨防优生一言堂、一枝秀。

（作者系安徽省固镇县新马桥中学　刘邦庆）

【问题导引】无效合作

　　一位老师教学生学唱《小青蛙找家》（一年级音乐）后，组织学生以小组合作的方式进行舞蹈创编活动。"在小朋友热情的帮助下，小青蛙终于找到了家，让我们用动作来表现小青蛙找家吧！"孩子们在这位老师的激发下，跃跃欲试，可不一会儿，抱怨声四起："老师，他们让我演荷花，可是我喜欢演青蛙。""老师，我不知道怎么演！""老师，王某某只顾自己玩。""老师，我们演草丛的同学太少了。"同学们的埋怨声、吵闹声此起彼伏，加上音乐声，真是乱成了一锅粥，老师只能无奈地将"合作预想"草草了结。

【嘉宾解答】

　　这是一个典型的无效合作案例，只有合作欲望，没有合作本质，白白浪费时间。首先，"创编"舞蹈超出了小朋友的能力，合作内容选择不科学；其次，"埋怨和吵闹"说明学生合作意识不强，最终导致合作流产。

合作效度，是合作学习的生命。不是什么内容、什么时候都可以开展合作学习的。精心选择内容、准确把握时机是合作学习有效的前提保证。一般说来，合作的时机有：

遇到开放式问题情境时——即同一现象有多种解释，同一问题有多种解法的问题情境。合作可以拓展思维广度，延伸思维深度，找到问题解决的多重途径，达成殊途同归之效。

问题逐步深入需要归纳总结时——即从众多具体例子和材料中归纳总结规律、提炼本质的问题。此时合作讨论，比较鉴别，去伪存真，有益于迅速抓住问题的本质或规律，提高思维的深刻性。

学生产生疑惑时——当学生在学习中碰到似曾相识，但又无从下手，不能立即解答的问题时，既有解决问题的欲望，又希望从别人的发言中得到启发和验证，渴望交流。这时再开展合作学习，效果自然不差。

学习任务大，个人无法完成时——实验操作、剧情表演、研究性学习都需要多人分工合作才能完成。

学生产生较大意见分歧时——在分析和解决问题过程中，有时会出现较大的意见分歧。这时的思维矛盾和认知冲突是学生产生学习动机的源泉，也是学生参与合作学习的最佳时机。在合作过程中，有了思想的交锋、智慧的碰撞，思维的积极性、主动性、敏捷性，及语言表达的完整性和准确性都将得到很大提高。

（作者系湖北省五峰土家族自治县第二高级中学　杨华）

【问题导引】评价失衡

在很多公开课上，我们经常看到这样的情景：小组开展活动，然后在班内汇报交流，当汇报结果与教师预案相一致时，教师就认为万事大吉，一个"好"字了结；而当学生"跑题"时，教师就采取回避的方法，或阻止学生继续展示。有的教师在评价合作学习时，只重视结果，忽视了对合作过程的评价；有的老师针对个人的发言有评价，而忽略了对合作团队的评价。

【嘉宾解答】

评价是合作的导航仪、矫正器，没有合理的评价，合作就很难开展。这则案例的主要问题表现在：一是侧重于对小组合作学习结果的评价，忽略了对学习过程的评价。二是侧重于对学生个体的评价，忽略了对学生所在团队的评价。这些不公正、不全面的评价极易挫伤学生参与合作学习的积极性、主动性，影响了"评价促进发展"功能的发挥。所以，在实际操作中，我们应该采用多样化的评价和激励方式。

力争评价多元化。评价形式上有形成性评价和终结性评价相结合、个别评价和团队评价相结合、自我评价和小组评价相结合等。内容上包括参与情况、合作效果、创新精神、质疑探究以及平时表现、检测成绩等。

融入比赛激励法。注重课堂即时性评价，合作学习融入竞赛，通常采用课前自学、课堂开展小组交流比赛、"互问互答"挑战赛等形式开展合作学习。

强调形成性评价。描画神奇曲线，公平地呈现学生的发展过程，营造比赛氛围。我实行周周清，每周算出小组平均分，并用坐标图的形式展现出来。这种方法能直观地反映小组的学习情况，增强小组凝聚力，促进组内互相帮助，营造组间良性竞争，让合作学习延续到课外。

捆绑评价强团队。对各小组采取"捆绑"评价，这种方式我尝试了5年多，效果一直不错。小组成员之间能团结互助，组长成了督促组员学习的得力干将，组员的优势也能弥补组长的不足。

自评互评突主体。合作效果如何，学生最有发言权。教师应该鼓励学生进行小组评价和自我评价，可以从合作的内容、态度、创新、探究、效果等方面设计学生小组自评和互评的表格，定期进行评价，让他们在自评和互评中总结成长。

（作者系浙江省杭州市明珠实验学校　杨巧英）

【问题导引】学生合作，教师不知干什么

有些教师在学生进行合作学习时，退至教室的一侧耐心等待；有的教师如蜻蜓点水般在各学习小组间游走，等到小组讨论结束后，教师依次听取各组的汇报，而且有时还不作评价，汇报完毕，课堂教学活动便宣告结束。学生在合作学习时，教师不知道要做什么，该发挥怎样的作用。

【嘉宾解答】

要解决这个问题，就要发挥好教师的引导作用。我们所说的自主合作学习的"合作"，必须是从学生的学习需要出发而进行的合作学习，我们对学生是"放手"，而不是"放羊"。课堂上，没有教师引导作用的有效发挥，就没有学生主体地位的真正体现。合作学习就是一场交响乐演出，大家分工负责，各司其职，在乐队指挥的导引下，演奏出一曲曲和谐美妙的音乐。老师，就是交响乐团的指挥，虽然没有直接演出，但却是乐队的核心。

　　教师在课堂合作上应发挥好"导向、导趣、导思、导法、导疑、导问"的作用。"导向"即方向上的引导，教师要引导学生确定学习目标。"导趣"即创设情境，激发兴趣，引发情感。"导思"即在学生学习遇到困难，思维受到阻塞的情况下进行的施"导"；同时又是针对不同学科特点进行的思维方式的引导。"导法"既是对学生学习方法的指导，又是引导学生掌握基本的学科知识、规律和技能，培养学生在社会发展中所必需的基本素养。"导疑"即要求教师在学生"有疑"时"顺疑而导"，也就是我们常说的"点拨"；在学生无疑时"设疑而导"也就是我们常说的"追问"。"导问"即引导学生将知识转化为问题，一方面是围绕学习目标实现对课堂学习效果的检测，另一方面引发学生生成新的问题，使学生带着问题走出课堂，实现对所学知识的升华。总之，高效课堂要求教师在课堂活动中自身定位要准确，既是引导者、合作者、服务者、开发者，还应该是学生学习的同伴。

　　引导作用发挥到位，就像主持人毕福剑一样，既能举重若轻，又能举轻若重，善于引导学生明确目标并产生兴趣，引发情感；善于引导学生与教师对话，学生与学生对话，学生与教材对话；还善于巧妙地点拨和适时地追问，让学生获得深入探讨问题的能力；又能以合作者的平等身份对学习内容进行必需的补充和深化，对学习效果作出客观评价，而绝不仅仅只是学生意见的欣赏者和所学知识的简单总结者。

（作者系山西省阳泉市第十二中学　原林生）

学生合作力（二）

　　合作，是一种非常重要的学习状态，随着合作学习的深入与实践，教师会发现，影响学习进度、合作方向不清晰等问题逐渐暴露，这便引起我们进一步思考，成就学生合作力的因素还包含着教师与学生的隐性"合作"，这里的合作意味着教师对课堂的适当调剂和及时引领，让课堂"动静相宜"、"活实相辅"，让合作真正成为机制，可持续循环。

【问题导引】分组不合理影响学习进度

　　我尝试过合作学习，先是前后左右四人一组，没有特别照顾好中差。当学生按照自学提示先自学后合作时，我发现学生所谓的合作就是相互对答案。后来，借鉴同事的做法，组员好中差搭配。但我又发现，这种分法基本上都是优生唱独角戏，中等生和学困生成了听众。鉴于以上两个问题，我重新分组，优生和优生组合，中等生和中等生组合，学困生和学困生组合。在自主学习阶段，强调每个同学都必须先自学，等学困生自学得差不多的时候，我才开始让他们合作学习。这时问题又来了：因为照顾学困生，时间浪费多了，一节课的任务完不成。到底如何分组？如何预设问题进行合作？如何保障教学进度？

【嘉宾解答】

传统课堂信奉教师"一言堂"能解决所有问题是错误的，新课堂迷信合作学习能撂倒一切难题也是不理智的。合作是解决课堂低效的良药，但不是万能药，研究合作学习的效度任重道远。

怎样分组？

合理分组是进行有效合作的前提。分组的原则除了通常意义上所讲的"组间同质，组内异质"以外，最关键的是要做到小组内部"人人有事做，事事有人做，人人能做事，事事能做好"，这是四个循序渐进的层面。分组何不借鉴足球排兵布阵的分配原则呢？不一定人人都能当前锋，也不必人人都得射门，人尽其才，物尽其用。老师有责任让每一个学生在组内无可替代，否则，合作就只会"合而不作"，小组成员也就是"乌合之众"了。

合作是学习的一种形式，根据合作目的的不同，还可以细化分类。以解决问题为指向的合作——此类合作学习要求小组成员集思广益，各抒己见，解决学生个体不能解决的问题，小组成员之间的机会是均等的，发展是均衡的；以辅优补差为指向的合作——此类合作学习相当于把教师辅优补差的责任下移，形式上表现为优生讲、析，基础差的学生听、问，小组成员之间存在明显的帮扶性质；以表达交流为指向的合作——此类合作学习旨在为更多学生提供表达和展示的机会，克服大班额教学展示空间不足的弊端，每个人既是表演者，又是观众。

厘清合作学习的指向和形式，也许有助于我们理性地评价小组合作的成效，不至于因为优生机会多一点而质疑，也不至于因为潜能生表现差一点而担忧。新课堂强调"人人参与，机会均等"，变"精英教育"为"平民教育"，但也要防止矫枉过正，间接造成优生的平庸。

合作学习如何保证课堂进度？

费时耗力是教师不愿让学生合作学习的主要原因。其实，课堂即情感，学习即成长，珍贵的林木是慢慢长成的，学生在课堂上的成长需要教师的耐心和慧心。保证课堂进度与充分有效合作并不矛盾，关键是问题设计应该科学合理。

单篇预设应该抓住主问题。从一篇文章来说，问题设计应去芜存菁，施行"主问题"教学。例如教学《紫藤萝瀑布》时，设计一个主问题"紫藤萝瀑布美在哪里"足矣。"主问题"设计的原则是好钢用在刀刃上，集中精力解决重点问题。一个教师在设计《理想》导学案时设计了八个问题，手法如出一辙，都是从诗歌中挑出一句前面加上"为什么说"，例如"为什么说有理想的人就是一个大写的人"，"为什么说理想是罗盘"。倘都如此，语文课堂就要变成十万个为什么了，能不低效？

单元预设要有广度与深度。教材的编写多采用"主题单元"的方式，这为教师整合课程资源提供了可能。整合使合作学习由"挖池塘式"变成了"掘水井式"。从纵向上，每篇课文集中精力解决一个问题，保证了合作的深度；从横向上，无数次有效合作的叠加，又促成了合作的广度。

教师预设要为合作生成留白。重预设还是重生成是传统课堂与新课堂的显著区别。有些导学案异化为"问题库"，学生疲于应付，何谈生成与发展！负担过重必然导致肤浅，合作来解决课堂上学生生成的共性问题，这才是真正的"以学定教"。学会留白要求教师鼓励学生提出自己的问题，并合作研讨其中最有价值的问题。学生对自己想知道的东西感兴趣，更喜欢探究自己的问题。

预设共生成一色，深度与广度齐飞，有了合理的问题设计，合作学习才会魅力十足。　　　　（嘉宾系湖南省岳阳县第八中学　胡志锋）

【问题导引】组长作用发挥不到位

在课堂上，小组合作呈现的状态优劣不一，有的小组全员参与，讨论热烈而有深度，展示分工明确；有的小组只是对对答案，流于形式；还有的小组各行其是，不见交流。合作效果的好坏其实是由组长的筹划组织决定的，作为小组的核心，组长作用发挥的强弱，直接影响到小组交流合作的成果。组长分工合理，责任到位，组织有力，整个组的合作交流就会呈现一种朴素务实的良好状态，如果组长领导不力，调动不起组员的交流热情，小组合作就无从谈起。如何最大效度发挥学习小组组长的作用呢？

【嘉宾解答】

学习小组作为课堂上相对独立的团体，只有在学习过程中充分发挥其主动性、带动性，才能推动整个课堂在合作探究中实现知识获得的广度和深度，成为课堂的重要资源。做到这一点，小组长的作用至关重要。

在选拔小组长的时候，应当考虑到学科性，让各学科表现出色的学生在不同的学科课堂上担任小组长，这样可以既可以发挥学生的优势，又可以让更多的学生"负责"。教师要相信，给学生一份责任，学生会还教师一份惊喜。此外，教师要培养和强化好小组长的三种能力：

一是提升学习力。身处知识爆炸、信息多变的时代，学生也都各有所长，个性十足。如果不能在同伴中显示出优于他人的学习能力和水平，很难得到同伴的信服和认同，所以，小组长要在学习中主动发挥个人的知识优势，才能根据知识的难易程度在任务分配、交流思路、展示重点、知识总结等方面为小组成员提供好的建议和引领，才能更好地发挥组长的榜样示范作用。

二是培养领导力。合作是一种团队行为，只有每个人都参与其中，各司其职，才能提高小组合作交流的效果。为了避免出现"优等生占据中心，学困生旁听甚至游离于小组讨论交流之外"的现象，小组长必须具备较高的组织协调能力，调动每一位成员参与的主动性。当组员不能融入小组讨论时，组长的引导和调动就显得尤为重要。小组长要多动脑筋，多想方法，甚至带动多数组员做好个别同学的工作，才能发挥好组织协调作用。

三是注重亲和力。组长身为小组的核心，必须要有亲和力，在组织小组成员交流时，对于不配合、不积极的组员不能以势压人，也不能弃之不顾，而要通过温和恰当的方式，在集体的荣誉意识、学习的成就收获、组内成员的认同等方面给予正面的引导，将其吸引到组内交流讨论中，发挥组长的辐射带动作用。

值得一提的是，小组长的积极性和组织帮扶热情也很关键。在学习过程中，由于会遇到各种不可知、不可控的因素，组员的种种表现和反应不会总沿着组长的预期呈现。所以，组长的情绪对整个小组合作交流效果会有一定影响。优秀小组长的积极性是维系组员情绪的风向标。作为组长，做好自我调控也是维持组内合作交流的基本保障。

（嘉宾系河南省郑州市第 102 中学　王卓颖）

【问题导引】合作浅尝辄止

在合作学习中，由于学生基础差，自主学习需要的时间很长。特别是做题，运算能力差，速度慢，要花过长时间，往往完不成教学任务，导致在合作阶段，只好草草对答案了事。思维得不到合理提升，知识构建难成系统。有时为了赶进度，又只好"返祖"成老师讲授。

【嘉宾解答】

我们应该明白"合作"是学生学习的一种方式，它呈现的态势应该是多样的：交流、讨论、探究、讲解、帮扶、互评、互测、互记、互背……我们要根据学生学习内容的需要，再确定选取哪种具体的合作方式，切不可教师一声令下，"讨论吧！"或者是"合作学习现在开始！"孩子们乱成一团，喧哗有余，效率不足。更糟糕的是，孩子们有的谨言慎语，有的不言不语，分神在合作之中，游离于课堂之外。虚假的繁荣掩盖了知识的生成，沉静如水压抑了课堂的狂欢。

我们要看合作学习的效度与探究的深度。合作学习一定是在自主学习的基础之上才能进行的，学生在自主学习时，已经对学习的内容有了全面的了解，学生在合作学习时才能有的放矢，才能有共同语言，才能互通有无，才能碰撞出智慧的火花。我们同时还应认识到，学生存在个性差异、知识差异，因此不可能达到对学习目标的全面掌握。自主学习时一定会出现差异，有了差异，才会有合作的必要，才能发挥合作的魅力，从而体现合作的价值，最终达到"兵教兵、兵练兵、兵强兵"的目的。

老生常谈：小组建设是合作学习的命脉，培养习惯是合作学习的前提。小组学习决定着高效课堂的成败。小组建设是一个永远值得我们探究的命题。如何分组、怎样结对？组与组什么关系？组内对子什么关系？怎样组织对子测评？对子与对子什么关系？这些基本的东西我们明白了，小组合作的效度就提高了。我还要突出强调的是，要注重对子学习，帮扶对子，交流探究对子都不可忽视，评价也要从对子开始。对子的合作应该占合作学习的70%。

培养孩子新的学习习惯是合作学习的前提，那么孩子在高效课堂里应有哪些新习惯呢？学会倾听，有目的地发问，交流时的目的性要明确，学会欣赏别人，给别人讲解要耐心，质疑补充时要积极，能承受别人的批评和建议，等等。我们要一点一滴、持之以恒地培养，切不可操之过急。孩子新的学习习惯需要一段时间才能养成。学生的新习惯培养好了，合作学习就顺利了，合作的效度就高了。

当然，我们老师在学生合作学习方面发现问题时，说明我们正在思考，应想办法积极解决，坚决不能"返祖"。我们要相信学生、解放学生，但我们同时更要相信自己、难为自己，那样我们才能化蛹成蝶，涅槃重生。

（嘉宾系河北省围场县天卉中学　富廷阁）

【问题导引】不愿意合作

我校在课堂合作学习中发现：大部分同学们都很喜欢合作式学习，但也有小部分同学随大溜"浑水摸鱼"般合作，而且，一个班级总要遇到几个学生不愿参与合作学习，问其原因，其中一个竟然说："自己从小学起就喜欢独立思考和听老师讲解，合作学习只不过是大家闹哄哄地在玩，没有什么意义。"其中一个宁可自己一人一个小组也不愿参与合作学习。

【嘉宾解答】

前期有嘉宾提到"合而不作"的问题，今天这个"浑水摸鱼"般合作和"学生不愿参与"却是典型的"不合不作"问题，相信只要有合作学习的地方，就有这样的学生。学生不愿参加合作，并非不愿意参加学习，只是学习的观念和习惯有问题，或者说对新鲜事物缺少正确的接受态度。

　　因此，只要是愿意学习就可能接受合作学习，只不过需要一个师生一起帮助他们接纳的过程。解决这个问题的切入点，就是让学生体验合作的成功感，为他们创设良好的合作环境，慢慢改变学生的观念。

　　首先，倾听诉说寻找根源，告知学生合作优势。教师必须倾听孩子的想法，了解问题的症结所在。遇到这类问题，教师万不可简单批评或强制参加小组合作，这样只会把学生逼入"死路"。更不可以认为只是个别问题而采取"搁置"的态度。凡是优质的教育都是"面向全体，因材施教"，为了"每一个学生"的发展的。教师不妨做一回听客，相机诱导，并适时点拨，让孩子知道合作是一种新的学习方式，明白合作的意义和未来趋势。

　　其次，创造良好合作环境，帮助学生适应合作。学生不愿参加合作，一定是小团体里没有自己欣赏和乐于交往的人。记得我当时让教师跟学生交流，教师反馈：学生认为组里那几个人在干什么都不知道，不像是要合作的人，而且讨论问题那么肤浅。显然，这个学生是没有选到中意的团队。学生本不愿意参加合作学习，再加上没有自己满意的合作对象，才可能发生宁可一人一组也不参加合作的情况。我指导教师让学生自己重新选择一个团队，教师出面协商略微调整团队组合。

　　再次，增强合作成功体验，激励学生喜欢合作。对于"思想掉队"的学生，学校应该秉承"启智正德"的理念，想方设法让学生喜欢合作学习，学会合作。教育的宗旨应该是教人做人，合作学习在今后的就业道路和社会生活上都是必不可少的一种行为观念，学校有责任教会学生学会合作。如果成绩优异的学生有这种情况，则可以指导其担任主要角色，培养其做教师的得力助手——小老师。如果个别学生有这种情况，教师应该安排学生个别帮扶，在合作小组中特意安排"一对一"关照，弥补不足。同时教师还要根据学生的特点给其安排合适的岗位，让其在团队中有自己合适的位置，发挥优势。学生一旦在团队中找到了自己的位置，并且慢慢有了成就感，这个学生就会由"不合不作"变得"不合不行"了。

（嘉宾系浙江省杭州启正中学　欧自黎）

【问题导引】合作"乱起来"

　　一次三年级科学课的实验环节，我把实验器材分发给每个小组。教室里立刻像捅了马蜂窝似的，孩子们开始哄抢器材，唯恐捞不着新鲜有趣的玩意儿。抢到物品的孩子一脸的志得意满，没抢到物品的孩子憋屈得泪花在眼睛里闪。此情景完全在我的意料之外，我手忙脚乱，指挥了这组，又去安抚那组，好不容易才安顿下来。孩子们又把兴趣投入到实验中，有的小组很顺利地完成了任务，孩子们相视一笑，不约而同地竖起"V"，大喊"耶！"我急忙把手掌往下按，做出"安静"的手势。孩子们缩着肩膀埋着头，捂着嘴偷偷地乐。本想让学生合作学习，没想到"合起来作业"了，学生面对面很容易说话捣乱，让他们"动起来"，反倒成了"乱起来"，局面很难控制，给上课增加了难度。

【嘉宾解答】

　　与执教教师的感觉相反，这是一节让我惊喜的课。从课堂上看到的不再是规规矩矩、唯唯诺诺、诚惶诚恐，随着课程的进展，孩子们在合作学习过程中的喜怒哀乐不加掩饰地尽情显现，这才是"真实"的课堂。

　　至于课堂上抢东西这个小插曲，我不觉得是合作扰乱了课堂，这应该是一个很好的教育契机。三年级的孩子尚没有萌生明确的合作意识，需要教师通过具体的合作活动引领学生更好地认识合作、学会合作。学生"抢东西"引起混乱时，我们可以把问题反交给孩子们，引导学生展开讨论："我们把东西都据为己有，还能不能做实验？""要想做好实验应该怎么做？"不用我们讲大道理，孩子们在解决具体问题时自会领悟到：物品是小组的，不是个人的，实验需要大家的谦让、团结才能成功。

课堂"动起来"也"乱起来"，教学秩序难以维持，这是课堂教学改革中遇到的一个突出问题。首先，教师要先转变观念。在知识传授的课堂里，教师要保证自己的讲授、学生的倾听，需要努力排除各种干扰，抑制学生的个别需求与随机活动，尽力把他们的注意力与行为统一到计划中的学习要求上，营造一种紧张高效、严肃有序的学习氛围。

但合作学习是师生合作互动的学习共同体，主张师生对话、生生对话，以思维碰撞思维、以情感沟通情感、以智慧点燃智慧，教学信息多向传递，学生敢问敢说，敢爬黑板，敢下桌讨论，形成一种积极主动、争先恐后、紧张活泼的学习气氛，让每个参与者身处其中都感到安全、亲切、有归属感。其次，课堂"动起来"还是"乱起来"，有一定的评价标准。叶澜说："评价课堂教学乱不乱，要看学生的注意力，如果学生把注意力集中在学习上，形散神不散，这样的课堂教学就不叫乱；如果学生没把注意力集中在学习上，形散神也散，这样的课堂就叫乱。"像案例中学生在课堂上情不自禁地喊"耶"，在我看来并非"搅局"，而是学生享受到智慧生成的成功感、团结合作的愉悦感后的真实情感流露，这不是课堂的败笔，相反是课堂的亮点。再次，合作课堂更需要教师提高课堂组织和调控能力，调动学生的积极性和参与意识，增强对课堂突发事件的应变处理能力，能把突发事件转化为生成的教育资源。

（嘉宾系山东省平阴县教师进修学校　路霞）

学生合作力（三）

在前两期合作学习系列选题中，我们解答了教师对于合作不同维度的疑问，在整理问题中，我们发现"没有合作"和"合作低效"占了主流，究其原因都是不讲流程惹的祸。让我们立足合作流程，论证"独学、对学、群学"对于合作的重要性，用科学的程序，丰盈新课程改革提出的合作理念。

对话嘉宾

孙耀荣　山东省淄博市临淄区教研室教研员

赵　平　河北省围场县天卉中学教科研主任

邓春林　湖南省株洲市景弘中学年级主任

马晓海　江西省萍乡市萍乡实验学校副主任

焦慧芳　山西省晋城市城区星河学校教师

对话主持　梁恕俭

科学流程保障高效学习

合作需要流程，需要沟通和交流。科学的学习流程是实现高效学习的路径和保障，这种科学的合作学习流程便是"独学→对学→群学"。

梁恕俭：为什么说合作需要流程？新课堂中的"独学→对学→群学"流程能否满足新课程理念上的"合作"需求？

孙耀荣：有人做过这样一个实验，将 10 个用线拴着的小球放入同一个器皿中（器皿口只能容下一个小球进出），10 人一组，每人牵一条线，看哪组能最快将器皿中的小球全部拿出来。实验者先让一个临时组成的小组实验，结果由于大家没有提前沟通合作流程，全部取出小球用时 55 秒；另一小组事先进行了沟通，排好了取球的顺序，用时仅 10 秒钟。实验证明，合作需要流程，需要沟通和交流。科学的学习流程是实现高效学习的途径和保障，这种科学的合作学习流程便是"独学→对学→群学"。

邓春林：为什么必先独学？因为学生在独立学习时，往往会碰到似曾相识，但又无从下手、不能立即解答的问题，有时对自己的想法和思维产生疑问，同时又希望从别人的发言评价中得到启发验证。对学，或解决疑惑，归纳提升，或师徒结对进行帮扶，解决困难。群学，则由多个对子共同交流，讨论的内容集中，难度加大。由于参与人数多，智力资源更加丰富，使合作学习的目标得到最大限度的落实。"三学"组成一套完整、科学的流程系统。

独学是合作的基础

独学的效果直接影响到对学、群学的质量，因为带入合作学习的问题是否有价值，是否能够引起共鸣是合作学习的关键。

梁恕俭：高效课堂倡导的"五步三查"课堂流程，独学是第一步，是以导学案为抓手，以发现问题、解决问题为主线，独学对提升学生的合作力有何影响？独学要解决哪些问题？

邓春林：独学要解决内容、目标、方法这三方面的问题。独学学什么，怎么学？独学是预习的过程，根据导学案这张施工图，对教材圈点勾画，自主解决导学案中的问题，使大部分学生能基本掌握基础知识，并找出自己的疑惑，用双色笔标注，为对学提供合作资源。为使独学效果更好，要给予适当的学法指导，使学生不仅学会，还要会学、善学，能体会到学习和发现的乐趣。

赵平：在独学中，中等生和潜能生会遇到不同程度的问题，这就需要到对学、群学中通过合作学习加以解决。优等生完成导学案后可以对所学知识进行深入挖掘，从而生成一些新的问题或认识，也要通过对学、群学进一步补充完善，提炼升华。可见独学的效果直接影响到对学、群学的质量，因为带入合作学习的问题是否有价值，是否能够引起共鸣是合作学习的关键。

孙耀荣：一个学习小组的合作力取决于什么？概括起来主要取决于小组成员的凝聚力，而凝聚力的形成主要由小组的共同兴趣和价值取向来决定。当他们在独学的基础上，经过合作发现或完成一个"难题"时，共同认识的学习过程对他们来说会产生兴奋、惊奇和愉悦的积极情感体验，这种力量又促使他们更加紧密地凝聚在一起，继而形成强大的合作力。

为了形成合作力，首先，教师要承认学生的差异，设置问题和任务应分层次，让学生"跳起来摘苹果"，让每一个学生都有成功的快感。其次，如果设定的问题较难，教师就要给学生搭"支架"，让学生能够"缓坡向上"。再次，要给学生提供独学的指导，独学就是学生与文本、编者、作者深度对话的过程，需要有所"凭借"，教师要给学生提供一定的方法支撑，让他们有章可循。最后，要防止"独学而无友"的现象，激励同学之间互相学习，取长补短，结伴同行。

焦慧芳：以语文教学为例，独学有两项内容：一是"直学"，就是学生直接对照教科书中的课文进行阅读、理解和思考，正确理解和掌握字、词、句的含义，解决一般的词汇理解和积累等问题，以培养学生的独立阅读和理解能力。二是"助学"，也就是学生利用导学方案、课后题及工具书等，进一步深入学习和领会知识点，正确理解和把握作者写作的时代背景、思想感情、写作手法、文体结构、中心思想，如此"助学"，有助于培养学生独立分析、归纳和总结能力。

学情决定合作进展

小组合作的流程是：发现问题→提出假设→寻求证据→思维碰撞→抽取规律。"群学"要发挥"头脑风暴"的威力，突破各环节解决不了的问题。

梁恕俭：由独学过渡到群学，应遵循怎样的流程？对学与群学最关键的操作技术是什么？

孙耀荣："独学→对学→群学"这一顺序的排列和程序结构反映了循序渐进，由易到难，由感性到理性的学习规律。每一环节的学习都会面临两种结果：问题的解决和新问题的产生。这种对问题的认识差异是一种新的资源，是更大范围内群学的研究目标。对学通过对子间的交流、碰撞，以期达到初步完善思路、解决困惑和发现新问题的目的。其关键的操作技术是对学双方的匹配和默契。"教育即交往"，对学的实质也是一种学习交往，这种交往必须建立在互相信任、互相理解的基础上。群学是把对学不能解决的问题放到组内、组间，直至班级范围去寻求解决。群学的操作技术要求更高一些，但关键取决于小组合作的流程。我认为小组合作的流程是：发现问题→提出假设→寻求证据→思维碰撞→抽取规律。群学要发挥"头脑风暴"的威力，突破各环节解决不了的问题。

马晓海：我们学校每个班有 6 个小组，在每个小组内，还分设了 A、B 两个小组和 4 组对子。若需要课堂展示，教师会把教学任务分给 6 个小组长，小组长再根据每个学生的特长分派下去，在讨论时，先是两个人的对学，接下来是 4 个人的对学、群学，最后才是 8 个人的群学，这样就避免了潜能生在讨论时被边缘化，让合作更富有实效。

邓春林：如何过渡到对学、群学，主要依据学情。独学结束，学生有了想法、疑惑，有了交流的需要自然进入对学，先完成独学的学生到本组黑板前面去，轻声开展对学。这样既避免了"一刀切"，尊重了学生差异，不会影响还在独学的同学，还可以充分利用黑板资源，提高讨论交流效率。

赵平：如果在对学过程中所有问题都得到彻底解决，则不必进入到群学环节——即具体问题具体分析，教师应该灵活把握。

流程不可教条

"三学"的流程并非单向线型的、不可逆转的，对学完全可以在 45 分钟内多次呈现，经历群学后也需要独学来消化吸收。

梁恕俭："三学"（独学、对学、群学）在内容设置、时间调控、人员组织等方面，有什么要求？

孙耀荣："三学"的内容设置既要统一，又有区别。统一设置的基础性问题和任务经过独学的筛选，形成"困难"问题，经过对学的努力进一步提炼出"焦点"问题，这就反映出了内容设置的"连续性"和"递进性"。在"三学"中，自主学习能力是课堂的核心要素。我个人认为，从时间比值上来分，独学一般应该占6，对学、群学一般占4为宜。

邓春林：独学是学会"能学会"的，找出"不会的"；对学、群学则是"学会不会的"。对学、群学的过程，既是解决独学中存在问题的过程，也是发现新问题、探究新方法、提高新认识的过程。这个过程也是学习成果生成的过程，如：一题多解、规律总结、变式练习等。

独学时间要优先保证，因为它是后面流程的保障，独学过程需要教师充分发挥"查"的作用，了解学情，指导学生。对学、群学没有太清晰的界线，由于一节课的时间有限，教师要发挥"激励、点拨、提升"的作用，通过巡查准确把握火候，调控好流程，以免导致课堂前松后紧。

赵平：在内容设置上，教师也要善于发现备课时没有预设到的问题，这样在对学、群学时目的性会更强，合作的深度、效果也就更好。在时间上应该灵活把握，教师一旦发现大多数学生独学不能继续（问题设计过难，导学案编制出了问题），应该立即叫停，进入到对学环节。同样，在对学时教师如果发现对学双方争执不下，再给时间也不会有结果则应立即进入群学阶段。总之我们的课堂是动态的，问题是动态的，生成是动态的，这就需要我们的教师灵活处理课堂上的各个环节、各种问题，发挥教师的主导作用，切不可古板、教条。

马晓海：人员组织上，教师要根据学生的性格特征和学习情况进行编号，把互助性较强的学生固定为帮扶对子，选择有一定组织能力的学生担任组长、副组长，分工明确，责任到人。如在课堂讨论时，谁负责组织，谁负责分工，谁负责收集，谁负责总结，谁负责发言都要有明确的责任人。在展示时，确定谁负责板书，谁负责追问，谁负责纠错，谁负责点评，谁负责主持等，也可根据学生实际情况进行角色间的调换，这样不仅能相互制约，相互管理，还让学生在合作中体验到了成长的乐趣。

焦慧芳："三学"的流程并非单向线型的、不可逆转的，对学完全可以在 45 分钟内多次呈现，经历群学后也需要独学来消化吸收。独学阶段要保持安静，以利于学生思维的深入、顿悟和转变。在学习活动中，学生要能对自己的学习进展及时间合理把握和自我调节，在学习活动后能够对学习结果进行自我检查、自我总结、自我评价和自我补救。对学应包含对学、对议、对问、互查等多种学习、交流和互动形式。

群学则要求小组长组织归纳好本组存在的共性问题，做好记录，总结将要展示的重点问题。教师要对各学习小组巡回指导，及时参与各小组的学习，指导各小组长安排和调控小组学习的进程，点拨优生，辅导弱生，关注学习目标的达成情况。

■知识链接："五步三查"流程简述

第一步，学案自学，找出学习困惑；教师"一查"自学进度、效果。

第二步，围绕困惑对学、群学。

第三步，以小组为单位，在组长组织下，"展示"学习成果，谓之"小展示"；教师"二查"展示过程中暴露的问题。

第四步，教师根据小展示暴露出来的共性问题，组织全班"大展示"。

第五步，学生归位，整理学案，整理纠错本；教师"三查"，利用对子测评。

学生探究力（一）

　　探究可以激活学生的思维，让学生享受到求知的愉悦。探究式学习倡导学生的主动参与，其特点是自主性、实践性、综合性、开放性。然而，在实际教学中，却出现了种种问题：有的缺失探究材料，有的找不到有价值的探究问题；有的不动脑筋盲目照搬……在问题的导引下，让嘉宾帮我们解决这些问题，提升学生探究力。

【问题导引】缺少材料，探究无效

　　某教师历史课上出示了这样一个探究问题："西安事变"捉住蒋介石后，是该杀还是该放？请各小组合作探究。很快有学生发言："当然是该杀了，以前他杀了那么多共产党员，现在是共产党报仇的时候了。"教师发现没有达到预期目的，继续问："难道没有同学认为该放他吗？""为什么放他啊！那不是放虎归山吗？"……教师只好说："应该放蒋介石，因为当时……"探究活动只好就此收手。

【嘉宾解答】

　　出现这种探究无效的原因之一，是教师没有为学生提供可供探究的背景材料，学生只能凭已有的点滴认识去解决问题，所以难以达到教师的预设目标。材料是学生探究的依托，那么，教师该如何提供材料为学生探究服务呢？

一要选取学生无法获取却很重要的材料。如上面讲到的案例之所以探究失败，就是因为学生掌握的资料只有蒋介石残害共产党员的一面，而对当时的国际国内形势并不了解，不能理性地分析，所以课堂上才出现了"杀蒋"呼声四起的状况。

二要选取能启发思维的典型材料。如在探究抗日战争胜利的原因时，我为学生提供两则材料，其一是一把刻有"全民抗战"的大刀刺向日本鬼子胸膛的漫画，其二是关于抗战胜利原因的几种谜语答案：屈原（屈服于美国的原子弹）、苏武（苏联的武力帮助）。我提出两个问题：从漫画中可以看出抗战胜利的原因是什么？谜语答案是否是主要的原因？学生在探究中，认识到抗战胜利原因是多方面的，抗日民族统一战线的建立，实现全民族抗战才是最重要的。

三要选取能引发学生认知冲突的材料。如讲到"开辟新航路"时，我引入了两则材料。材料一：位于西班牙的哥伦布纪念碑上有"光荣属于哥伦布，向哥伦布致敬！"两行大字。材料二：2007 年 10 月拉美各地印第安人游行示威，要求把"哥伦布日"改为"土著人民抵抗日"，他们给哥伦布塑像披上塑料外套，要求世界重新评价哥伦布。我提出问题：材料表明在评价哥伦布问题上，欧洲人和美洲印第安人持不同的观点，试依据新航路开辟的影响，谈谈导致他们持不同观点的原因。

四要选取能多角度反映事物的材料。如讲到改革开放成就时，我创设情境，举办"改革开放 30 年成果展"活动，出示了三则材料。展板一："1978－2007 年国内生产总值"表；展板二："20 世纪 50 年代－21 世纪初的三大件变化"表；展板三："香港政权交接仪式、澳门政权交接仪式、海峡两岸交往"图，让学生探究相关问题。展板一、二分别说明了什么问题？给展板三确定一个主题，并选择其中一幅图撰写解说词；你认为取得这些成果的共同原因是什么？通过展板从关系国计民生的国内生产总值，到平常百姓生活的变化，再到国家大事，多角度地提供历史信息，让学生从中提炼信息，探究结论。

总之，教师在选取材料时，一定要目的明确，去伪存真，筛选出能启发学生思维，能多角度探究、解决问题的有效材料。

（山东省淄博市临淄区皇城一中　李秀笠）

【问题导引】探究问题谁来问

问题是探究的中心，没有问题，就没有探究。问题，是探究性学习的内动力，提倡由学生自己首先发现问题、提出问题，然后解决问题。但在实际教学中，让学生在"乱象"中发现问题和提出问题往往是很难的。那么，该怎么处理这个环节？是严格按照"程序"让学生自己去发现问题呢，还是由教师直接"发布"问题？在启发学生发现问题或者设计发布问题的过程中又该注意什么，掌握哪些关键？

【嘉宾解答】

亚里士多德说过："思维自疑问的惊奇开始。"学起于思，思源于疑。如何引导学生生成问题，让"问题"成为课堂探究的"助推器"呢？

自主预习，发现问题。在自主阅读文本前可以预先假设"感知盲点"，让学生与文本之间产生一定的"认识距离"，形成质疑问题的心理趋势。学生借助工具书和相关背景材料，试着通读文本，在疑难处做上记号。带着主观感受再读课文时，生活体验和文章情理就会发生摩擦甚至碰撞，问题便应运而生。当然，在这个过程中，有些同学可能仍然没有问题意识，这需要教师指点导疑途径，可采用编写导学提纲的方式来引导学生预习。学生逐步模仿，最终能独立地列出提纲，进行深层次的预习，达到自己"发现问题"的目标。

筛选整合，凸显问题。"真正的课堂应该是一个思考的王国"。在课堂教学中，根据教学内容，联系学生的生活实际，创设问题情境，自由交流在自主学习过程中发现的疑难问题。将学生提出的问题，按内容方面进行横向归类，围绕教学目标，进行纵向归类。不同类型的问题，宜采用不同的处置措施：对陈述性的问题，引导学生到文本中读读画画就地解决；对具有很强开放性、能激发学生情感的问题，则把它着重提炼出来，作为学生合作探究的主要任务。

相机而导，化解问题。教师在引导学生进行自主探究时，要适度"扶"：让零散的问题通过适度指导，集中呈现。还要掌握火候，相机而导，让问题探究步步深入。我班在开展"保护家乡水资源"综合实践活动时，在实地调查目睹了河水污染现状后，同学们怀着凝重的心情进行了认真交流。但照本宣科的资料朗读，言辞激烈的控诉，不是我们开展该实践活动的目的。茫然之中我及时引导："现状已是如此，一味地抱怨、愤怒解决不了问题，我们应该怎么办？"沉思了片刻，大家畅所欲言：建议将搜集的资料写成文章投到广播站做一期专题栏目；分组深入废油厂宣传水污染的严重性；向有关单位写建议书，提出制止水浪费、治理水资源的合理化建议；设计公益广告，呼吁人们节约用水，保护水资源。在大家的深度探究中，预设的目标达成了。

从质疑入手，以问题为纽带，引导学生自主探究，让学生学会学习，成为学习的主人。

（江苏省兴化陈堡中心小学　朱雷云）

【问题导引】 照搬知识伪探究

我为了摆脱传统的教学模式的羁绊，让自己从"老教师"成长为"新教师"，在展开复习时，大胆地尝试了探究性教学，提出了这样的问题："一战时，美国何时参战？二战时，美国因哪一件事情而参战？之后在战争中有何重大举措？"结果，学生很简单地把教材内容照抄了几段，成了不折不扣的知识"搬运工"，既没有提炼、整合，也没有质疑、发现。

【嘉宾解答】

不同年龄段学生的知识结构、认知能力、学习方法和生活经验等情况不一，他们的探究能力自然存在差异，这就需要因学情而异，不搞"一刀切"。低年级或刚刚练习探究的孩子，教师要做好引导工作，领着孩子探究；中年级和初步学会探究的孩子，教师要帮着他们探究；高年级和探究能力强的孩子，教师要放手让他们探究。

例如：在设计"解决问题的策略——转化"导入时，我设计了这样的探究问题："曹冲称象的故事大家还记得吧！谁能说说曹冲是怎样用石头代替大象，称出大象重量的？曹冲的聪明体现在哪里？"设计是基于六年级学生对曹冲称象故事的耳熟能详这样的学情。"曹冲的聪明体现在哪里"的质疑，能有效激发学生回忆和思考。"具体说称象"的追问，能有效引导学生初步感知曹冲用替换的策略称出大象的经过，激发学生求知欲。

探究不仅要因学生的学情而异，还要因教学内容而异。

由于课型不同，教学目标各异，探究的方法也就有天壤之别。新授课，因为学生初步接触新知，就要从调动学生学习兴趣入手，创设问题情境引导学生思考和探究；练习课要从巩固新知、灵活运用入手，创设情境引发质疑，进行探究；复习课要从回顾旧知、构建知识体系入手进行探究。以问题案例中复习"美国史专题"为例，因为孩子初次经历探究性学习，应降低问题难度："同学们，学习了'一战'和'二战'的历史，你对这部分内容有哪些了解？"先有效勾起学生对"两战"历史的回忆，进一步了解学生对"两战"历史的掌握情况。接着追问："'一战'时，美国何时参战？因何而战？'二战'时，美国因哪件事情而参战？之后在战争中有何重大举措？"这样问题层层深入、步步推进，便于学生对"一战"和"二战"知识的系统提炼和整合，清晰地认识美国当时的历史和政治背景。

同一课型，教学内容不同，实施的探究方法也不一样。例如，"认识1平方厘米、1平方分米、1平方米"和"认识几分之一"，同是新授课组织概念教学。由于三年级学生对"厘米、分米、米"很熟悉，教师可以直接放手让学生看书自学，探究新知，然后小组交流自己的收获和发现。学生通过比画、举例，能够形象地表示出1平方厘米、1平方分米、1平方米的大小。这样，让概念从抽象到具体，学生容易接受。"认识几分之一"的探究就不能"照搬"上述方法。二年级学生对分数知识一片空白，只能从整数平均分入手。可以先质疑"6个苹果平均分给3个小朋友，每人分得几个"，接着问"1个苹果你和妈妈两人平均分，每人分得多少"，从而引出半个苹果，即用二分之一表示，让学生初步感受分数的内涵。

探究是发现，是明理，是为了超越——不能"照搬"！

（江苏省淮安市城东乡中小学总校　李明）

【问题导引】探究与展示的关系不清

在学习《〈世说新语〉两则》的公开课上，教师组织学生探究如下问题：(1)"期日中，过中不至"说明陈太丘的朋友是个怎样的人？陈元方义正词严地指出了父亲朋友的哪两点错误？(2)陈元方是个什么样的小孩？(3)《陈太丘与友期》中友人已下车向陈元方道歉，但陈元方仍入门不顾，这是否失礼？(4)请同学们讲一讲关于诚信的名言警句或故事。结果一节课上下来，学生展示的时间不足 5 分钟，且没有完成"检测反馈"。事后，授课教师抱怨说："有探究就行了，展示属于'多余'，如果没有这个环节，检测反馈就可以完成了。"

【嘉宾解答】

这位老师认为小组成果展示是"多余"的，原因是没有弄清楚展示与探究的实质。探究是学生积极学习新知识、提出新问题、分析新问题、解决新问题的学习方式，重在培养学生创新精神和实践能力。展示是小组内、全班范围内进行探究成果汇报、交流甚至是暴露问题的一种形式。探究与展示是环环相扣的一个整体，是不能重"探究"轻"展示"的。

探究为展示提供了前提，展示得精彩恰是探究成果的汇报，如果失去了探究，展示也就失去了精彩。展示为探究成果提供了分享的舞台，如果没有展示，也就没有了质疑对抗，也就不能分享成果。学生展示的不仅仅是问题的答案，而是小组探究思维的过程，是小组的思想智慧，体验的是成功的喜悦。

展示过程也是学生生成问题深入探究的过程。小组在评判、质疑中自然会生成新的问题，这又会促进问题探究的进一步深入。没有问题的生成，探究也就失去了意义，学习体验也就谈不上深刻。

上述问题中，这位老师之所以认为时间不够，从他设计的探究问题就可以看出问题的症结所在。第一个问题纯粹是属于筛选提取信息类的，答案很明确，根本用不着展示。第二个问题属于归纳型的，答案也较为明确，小组内展示即可。第四个问题本身就是一个展示性问题，根本用不着探究。其实最具价值的是第三个问题。

显然，这位老师滥用探究，探究的问题设计很不合理。设计了多个探究问题，为探而"探"。将简单问题复杂化，既无实际意义，又锻炼不了学生的能力。学生忙这忙那，表面热热闹闹，实则思维游离、无序，把宝贵的时间白白地浪费掉了。而真正要探究的教学难点没有突破，学生的探究能力又难以提高，最终抱怨没有"检测反馈"的时间是因为展示，展示岂不冤哉？

可见，探究要有针对性，突出重点，把探究真正落到实处。

（湖南省郴州菁华园学校　熊振鸿）

学生探究力（二）

　　探究亦称"发现学习"，"发现"的多少与难易，取决于"问题的探究价值"与"探究的条件、方式和流程"。提出一个能激起学生好奇心的问题是探究学习的关键；给学生创造必要的条件是探究学习的前提；教师的启发引导是探究学习的辅助；学生开动脑筋，独立思考，再按照一定的流程与同学合作则是探究学习的法宝。

【问题导引】不会提问

　　问题应该让学生提出来，而不是教师提出来。只有让学生现场提出问题才是课堂生成，才符合"以学定教，顺学而导"的理念。可教师在课堂教学中却往往存在这样的困惑：一是很多时候学生在课堂上提出的问题随意、肤浅，没有探究价值；二是课文都按照"程序"让学生提出问题、解决问题，是否可行？如一些说明性的课文，先让学生提出问题，很可能提出的问题漫无边际，与课文没有关系。

【嘉宾解答】

　　如何让学生在课堂中发现问题，并提出有价值的问题呢？
　　首先，学生从不会提问到学会提问，再到提出有价值的问题，需要教师的引导。一是教会学生从课文标题处质疑。如教学《小稻秧脱险记》，读了题目，你的脑海中产生了怎样的问题？学生会问：小稻秧遇到了什么危险？他们是怎么脱险的？二是教会学生在感知课文内容后质疑。如教学《给予树》，学生会这样概括课文的主要内容：圣诞节前夕，金吉娅给一个陌生的小女孩买了洋娃娃，而给家人买了棒棒糖。此时矛盾点出现了，教师引导质疑：你的头脑中产生了什么问题？学生自然会提出这样的问题：金吉娅为什么给陌生的小女孩买洋娃娃，而给家人买棒棒糖呢？三是教会学生在课文的重点部分质疑。如《少年王勃》中的名句"落霞与孤鹜齐飞，秋水共长天一色"，学生会就"奇才"、"拍案叫绝"等字眼发问，这样的问题紧扣课文重点难点内容，是牵一发而动全身的大问题，很有探究的价值。四是教会学生在课堂结束时质疑。此时引导学生提出问题，多数问题是课文的拓展延伸，这样的问题更具探究性。如教学《云雀的心愿》，学生懂得了"森林是巨大的水库"、"森林是空调器"后，引导学生质疑，学生还想知道"森林还是什么"、"森林还有什么作用"，于是搜集资料，拓展阅读，获取更多的知识和技能。

其次，尊重学情，不必严格按照"程序"让学生自己去发现问题，教师可以直接"发布"学生学不会的或忽视的探究性问题。如教学小说《桥》，我把课后的两个思考练习题设计为自主探究作业：一是课文中的老汉是怎样一个人？你是从哪些地方感受到的？二是课文在表达上有什么特色？如果让学生提出问题，他们会提出一些琐碎的小问题，像"老汉似乎要喊什么，他会喊什么呢？"这时候，问题就应该由教师来设计发布，不然就不会有值得探究的问题，课堂教学就会是低效的。

（山东省淄博市临淄区教研室　韩春梅）

【问题导引】不知探究什么

我们听的公开课和展示课，大都有小组合作探究这种学习形式。这本是新课标的要求，也是促进学生有效学习的手段，但在听课的过程中，总让人感到别扭。不管讨论是否热烈，是否能产生新的见解，有时甚至连书上有明确答案的问题也拿出来探究，有一种为合作而合作，为探究而探究的味道。到底什么内容可以用来探究？以何种方式进行探究？

【嘉宾解答】

探究要能够探讨疑点和难点。学生的个体思维力所不能及，需要小组的共同智慧来解决。大致有一半左右的学生存在疑问，就有探究的必要；绝大多数学生都存在着理解上的困难，或者个别优秀的学生虽然能够解答一部分内容，但思考的完整性和深刻性不够，这样的问题最有探究价值。此时，可以先通过对学讨论，把有差异的内容补平，然后把新问题提交小组讨论。新的讨论、新的碰撞，又产生新的思考，触发新的感悟，这需要教师引导，学生互助，全班进行探究。以语文为例，文本信息是多元化的，学生的阅读是个性化的，课堂又是动态生成的，学生的自主发现自然产生新的疑问，新的疑问又触发新的探究。

探究要求在留白中不断深入。探究不是问题的终结，而是问题的开始。在探究中留有空白，有"无招胜有招"的功效。"接受理论"的创始人之一伊瑟尔认为："作品的意义不确定和意义空白促使读者去寻找作品的意义，从而赋予他参与作品意义构成的权利。"空白能调动读者联想和想象的积极性，去填补作品留下的想象空间，从而创造出读者独特的阅读感受。在教学中，教师要善于寻找或引导学生寻找有潜在探究价值的内容，让探究不断深入，结出硕果。

探究要能够有所发现和创新。新的思维、新的见解，就会产生新的创造。因此，课堂教学要注重培养学生的"自我实现的创造性"，它使学生乐于思考、勇于探究、善于创新。有的教材如《〈红楼梦〉选读》，在课文后面设计"初读印象"栏目，要求学生不看参考资料，写出读后的第一印象，意在使学生调动自己的生活经验和知识积累，感悟文本，用心灵去阅读，梳理自身的感性体验。不让学生看参考资料，就是强调学生的自主探究，提出自己创造性的看法。这种创造性的探究学习活动，有利于培养学生积极、主动、深入的认知思维品质，能够为今后真正的创造发明奠定基础。

（浙江省桐乡市世纪路学校　徐建利）

【问题导引】探究水平低

从学习心理学的角度看，知识的学习分为四个阶段：一是知识学习的入门阶段，目标是知识的掌握；二是知识学习的深入阶段，目标是知识的理解；三是知识学习的通达阶段，目标是知识体系的建构；四是转识成智，目标是知识的应用与创新。在知识学习的不同阶段，学生探究的方法与水平是不相同的。怎样随着学生知识学习层次的提高使其探究水平也得到同步提高呢？

【嘉宾解答】

一、在知识学习的入门阶段，通过阅读教科书训练提高学生的探究能力

探究能力是学习能力的核心，通过问题导引训练学生阅读教科书可以有效培养学生的探究能力。前段时间，我在南阳市 28 中上了一节公开

课，内容是"有理数大小的比较"。整堂课我没有给学生讲一点数学知识，只是训练学生读数学教材，教给学生"会把知识变成问题，会讲知识，会解简单题"的读书方法：一是通过读书整体了解知识，二是把知识变成问题，三是能用自己的话回答问题，四是明确知识要点，五是能用例子把知识讲清楚，六是能看懂例题，会做简单题。训练结束后，当堂进行课堂达标检测，成绩异常优秀。这说明通过训练学生阅读教科书来培养学生的探究能力，切实有效。

二、在知识学习的深入阶段，通过独学、对学、群学来培养学生的探究能力

在学生初步掌握知识的基础上，教师针对学情编写出高质量的导学案对培养学生的探究能力意义重大。编写导学案要考虑三方面的内容：一是本节知识的重难点，二是与本节课知识有联系的旧知识，三是与本节知识有关联的后面将要学到的新知识。高质量的导学案要以"问题"为纲，问题设计要从学生的实际出发，有针对性、层次性、关联性、深刻性。学生依据导学案独学是深入理解知识的起步，学生间的对学是理解知识的再深入，学生间的群学是理解知识的升华。

三、在知识学习的通达阶段，通过引导学生大学科学习来培养学生的探究能力

在知识学习的通达阶段，学生学习的主要目标是建构知识体系。知识体系建构好的学生，其学科智能水平与前两个阶段相比会有大的飞跃。学生常用的建构知识体系的方法是，完成学习任务后画知识结构图，如果每节课、每一章节都画，非常有利于探究力的提升。优秀教师的实践还证明，通过引导学生大学科学习也有利于培养学生的探究能力。大学科学习的教学策略是"框架构建，整体推进，全局着眼，局部完善"。

四、在转识成智阶段，通过知识的实际应用来培养学生的探究能力

学以致用是学习的最高境界。它包括两个方面：一是通过在实际生活中应用所学的书本知识解决实际问题。如学完了"电学"知识，就能进行简单的电路操作；学完了"测量"的知识，就能进行生活实际的测量；学习了英语，就能与人进行简单的英语对话。二是在知识学习的过程中把知识上升到哲理的高度并用于自己的人生实践，"君子之学以美其身"。探究能力的培养有两大方面，一是对客观世界的探究，二是对主观精神世界的探究。前一种探究重点培养学生的科学精神，后一种探究重点培养学生的人文精神。学生在实际应用知识的过程中自然而然地把知识转化为能力，并有效地培养了探究能力、科学素质和人文素质。

（天津市教育科学研究院　薛永宽）

【问题导引】探究缺流程

有的老师探究意识不强，传统的讲授仍牢牢控制着课堂；有的老师知识教学不到位，忽视知识的预设和生成过程；有的老师虽创设了新颖的情境，开展了多彩的活动，但"一招半式"的所谓探究，割裂了"情境—问题—知识"之间的内在联系，忽视了以问题为中心的思维运动。从整体上看，探究活动肤浅，缺少思维深度；问题处理机械，缺少技巧智慧；探究环节散乱，缺少有机整合。

【嘉宾解答】

针对上述问题，我们应构建以问题为中心的探究型教学流程，努力使教师研究性的教和学生探究性的学"珠联璧合"。

一、目标与预测。在分析学生特征和教学内容的基础上，准确地叙

写、落实三维目标；依据目标，对教学过程和探究活动进行超前思考和预设，以优化教学过程。它像指示灯一样保证教学从起点朝着预定方向前进。

二、情境与问题。本环节从创设有教育和启发意义的情境出发，以问题为动力驱动整个教学过程。学生以问题为纽带，探究隐含于情境和问题背后的学科知识；教师以问题为桥梁，实现探究环节的前后呼应、教学节奏的起承转合。

三、学教与互动。教师研究性的教和学生探究式的学是内在一致的，它们应该成为教学特别是学生学习过程中最有活力、最有价值的内容。师生一起在类似于科学研究的活动中，体验知识产生的过程。"研究—探究"之法，虽然崎岖坎坷，曲折难行，但有寻古探根、追问思辨之乐。

四、知识与建构。一方面，教师应提示学、指导学、组织学，集中力量解决学生在探究过程中想不到、想不深、想不透的内容；另一方面，学生要积极地通过体验、思考等活动，主动探究、建构内化知识。在"情境—问题—知识"这一主线的矛盾运动和学与教的互动探究中，努力使课程文本形态的知识，转化为课堂活动形态的知识，内化为学生运用和实践形态的知识。

五、评价与反思。一是对学生的探究过程和学习结果进行即练即评、激励赏识，二是对教学过程中的探究适时进行调整和优化，以不断提高学和教的水平。

（湖北省孝感高级中学　董旺森）

学生探究力（三）

《中国教师报·现代课堂周刊》连续推出了自主、合作、探究的系列选题，但是在一些课堂中，学生的合作、探究并非连续性"动作"，而是根据教学需要"选择"性地进行，出现了合作性学习和探究性学习。那么，到底合作、探究的流程应该形成流水线还是可以相互独立呢？面对探究过程中，仍然存在效益不高、流于形式、急于给出结论、无视学生学习体验等问题，又该如何解决呢？请关注"学生探究力"选题终结篇。

对话嘉宾
李延杰 山西省临汾市新立学校校长
谢 丽 山东省淄博市临淄区晏婴小学教师
赵运达 山东省郯城县归义中学教师
李旭山 陕西省汉中市汉中中学教师
对话主持 梁恕俭

探究兼顾课内与课外

探究性学习在理念上深入人心，但在实践上还流于形式。

梁恕俭：探究性学习把学生视为"小科学家"，即让他们在类似于科学探索的活动中去发现科学结论，而不是将现成的结论直接告诉给学生。开展探究性学习要解决哪些问题？

赵运达：探究性学习在理念上深入人心，但在实践上还流于形式。一位老师执教小学二年级语文《纸船和风筝》，在读到"扎风筝"时，有的同学读"zā fēng zhēng"，有的同学读"zhā fēng zhēng"。老师说："到底该怎样读，大家在小组内讨论一下。"小学生能谈出多音字的理论吗？不能。他们只能是盲目地坚持己见或反驳对方，最终还是靠教师告知答案。在探究过程中，如果教师提出的问题指向性太强，或缺少必要的难度，学生达到要求后就会出现动力不足，不愿持续探究的情况。所以教师要根据学情，提出有价值的、开放的问题，让学生去探究。在探究过程中，大问题可以引导方向，小细节能增强体验，大小结合，学生的探究能力就会不断发展。

谢丽：除了"大小结合"，探究性学习还要兼顾课内与课外。有些问题需要在课内探究，其方式有两种。一是先抛出问题，当学生通过探究形成自己独特的认识，教师再点拨引导，发现规律，掌握知识，形成能力。这种"自发—指导—自主"的探究性学习，让学生从错误、挫折和独特的发现中，获得不可或缺的学习体验。二是教师先给予一些方法的指导，让学生初步掌握方法，再通过自己的探究进一步验证。这种"指导—自主"的探究性学习，可以使学生有的放矢，少走弯路，巩固知识，提高能力。这需要教师根据教材和学情灵活地选择不同的探究方式。有些问题需要学生走出教室，到课外去探究。如探究端午文化，学生可通过与家长包粽子把自己的发现和体验融入到文化之中。可走到郊外感受秋天的特点，可走进社区调查了解，然后把自己的探究带入到课堂进行交流、融会，互相启发，提高认识。

李延杰：好记性不如烂笔头，可让学生建立探究记录本，随时记录下自己的探究所得。学生记录探究过程的方式很多：记关键词，用符号、算式、图画记录，在书上旁批等等。建立探究记录本有利于学生在表达时抓重点，有条理，做到以写促说，以说促思，进而提高课堂效益。

让学生自己发现

只有那些在学生解决问题的过程中新发现、新生成的问题，才是他最感兴趣、最想解决的问题，也只有这样的问题，才能使其始终保持强烈的探究欲望。

梁恕俭：探究是学生了解和认识这个世界的重要途径，通过亲身探究获得的知识是学生自己主动建构起来的，是学生真正理解、真正相信的，是真正属于学生的。那么，怎样将学生带入自觉的探究状态呢？

李延杰：以提出问题为起点，以解决问题为终点，并始终以问题为中心，就能将学生带入自觉的探究状态。问题引领教学是探究性学习的核心所在。从导学案的设计，到学生的自学、讨论和展示，都应以问题的生成、发现与解决为出发点和落脚点。学生通过合作探究解决老师预设的问题，虽然能激发学生的学习兴趣，培养解决问题的能力，但由于这些问题不是学生自己发现、源于自身需要而产生的，时间长了，学生探究问题的内驱力很容易减弱。只有那些在学生解决问题的过程中新发现、新生成的问题，才是他最感兴趣、最想解决的问题，才能使其始终保持强烈的探究欲望。

谢丽：探究性学习要特别关注学生发现、生成的问题，关注问题的解决过程。当学生在展示过程中出现问题时，教师应通过点拨搭建阶梯，帮助学生解决思维障碍；当学生对重难点知识展示得非常完美、流利的时候，教师应通过追问设置障碍，掀起波澜，让学生强化理解，加深巩固。教师的提问要贴近生活实际，富有启发性，能引发学生的好奇心，促进学生思考。

赵运达：在上课前，教师可提前公布要讨论的系列问题，让学生结合自己的情况主动筛选，并进行提前思考和研究。在课堂探究中，还可进行积极暗示，鼓励学生不断产生新的发现。为了让学生自觉地进入探究状态，设计的问题要具有开放性和探究性，让学生有思维发散、智慧碰撞的空间。此外，设计的问题要生活化、情境化，以提高探究的趣味性。

避免向应试屈服

正因为探究的效果难以衡量，才导致探究性学习或多或少地向传统考试屈服。从长远发展看，教育必须放弃实用主义的衡量标准，创建独立的科学评估标准。

梁恕俭：探究学习强调学生自主活动，探究过程要求综合运用已有的知识和经验，这有利于学生将所学的知识加以整合，也有利于学生学以致用。问题是：如何衡量探究教学的实际效果？

李延杰：我国教师专业标准从 2004 年就已开始研究起草，教育部直到 2011 年 12 月 12 日才颁布并征求意见。由此可见，作为探究教学，目前没有而且很难有一个统一的衡量标准。在实用主义思想的侵袭下，学校教育大多要跟随考试的指挥棒。在一些人心中，超出了教学范围的探究，就像用体温计随便测水温一样，不是徒劳，就是"爆表"。

谢丽：正因为探究的效果难以衡量，才导致探究性学习或多或少地向传统考试屈服。从长远发展看，教育必须放弃实用主义的衡量标准，创建独立的科学评估标准。如关于探究过程的评估，要注重探究过程的完整性及开放性，注重探究步骤、探究状态、探究数据等的完备，注重是否重视并抓住探究过程中出现的新问题和新契机。

李旭山：要关注思维方法的评估，即关注归纳、演绎、类比等思维的运用，关注学生能否清醒意识到这些思维在特定学习中的意义，关注学生能否将猜想与反驳自觉运用，并形成"问题—尝试性解决—排除错误—新的问题"这种良性循环。

自主、合作、探究是完整的学习过程

自主探究到了一定阶段，学生对问题有了很强的求知欲和好奇心，并积累了一定的解决问题的知识和方法后，就要适时转入合作学习、合作探究环节，毕竟学生不可能通过自学、探究解决所有问题。

梁恕俭：新课程讲自主、合作、探究，与之相对应，出现了合作性学习和探究性学习的说法，请问，二者是否可以割裂开来？

李旭山："合作性学习和探究性学习是否可以割裂开来"的问题，其实质是能否将"合作性学习"独立出来。合作，重视学习活动中的平等；探究，在于培养学生的学习与创新能力。合作是条件，是形式；探究是目的，是内容。因而，从理论上说，任何一种"合作学习"都应该以"探究"为目的，不应将"合作"与"探究"割裂。然而，在实践中，尤其是课改初期，可以将"合作性学习"当做一种独立的形式，这有助于冲破传统教学模式的束缚，突出学生的主体地位。但是，"合作性学习"

要想走得更远，获得更多的"独立"价值，就必须发挥它的分工与统筹的意义。分工使研究更深入和高效，统筹使系统意识与控制能力得到锻炼。一项学习活动，如果既没有分工的必要性和重要性，也不能锻炼系统与控制的科学能力，就没必要采用合作的形式。

谢丽：合作性学习和探究性学习是不能割裂的，但二者的侧重点不一样。学生会带着自己的知识储备、生活积累和思维个性，去探究新知，在探究新知过程中的发现、感受、困惑、乐趣等，都是学生对事物独特的思考和认识。但这种探究不是一个完整的学习过程，学生还需要在合作性学习过程中互相砥砺，互相提醒，取长补短。《学记》云："独学而无友，则孤陋而寡闻。"学生经过合作性学习之后再回到探究性学习，可以进一步巩固知识，提高能力。

赵运达：合作性学习方式和探究性学习方式，相互包容，互相联系，不能将它们截然割裂开来。探究性学习贯穿于学习的全过程，既包括自主探究学习，也包括合作探究学习。学生在自学阶段解决问题的主要方式就是以自主探究为主，当通过个人探究不能解决的问题变成团队集体的问题时，就需要通过集体的力量来解决，这时，自主探究就变成了合作探究。

李延杰：自学阶段以自主探究为主，以激发学生的发散思维，引发学生对新旧知识的链接，培养学生独立思考、解决问题的能力。因此，不能让学生过早地进入合作学习状态，过多地依赖他人解决问题，否则会抑制学生自学能力的培养和提高。自主探究到了一定阶段，学生对问题有了很强的求知欲和好奇心，并积累了一定的解决问题的知识和方法后，就要适时转入合作学习、合作探究环节，毕竟学生不可能通过自学、探究解决所有问题。合作性学习一般在自学环节之后体现，生与生之间相互帮扶，相互交流，互相检测，共同小结，合作探究疑难。由此而见，自主学习与合作探究需紧密结合。

第四章

重构新课堂生态

　　"新课堂"并非指新授课，而是"新教师"、"新课堂"、"新学校"、"新学生"课改理念下，以学生自主学习为特征的课堂生态。新型课堂改变了教学关系、课堂流程、课堂文化、课堂评价、导入与结尾，教案变学案……一切变化与革新的支点皆源于相信学生、解放学生、发展学生的教育信仰。

集体备课备什么

　　备课对于一线教师而言，如同研发人员做市场调研一样重要。在新课改背景下，备课的要求发生了哪些变化？如何提高集体备课的实效性？如何有效落实"学为中心"的理念？锁定备课中的关键问题，希望本文能给老师们一些启发。

　　集体备课是实现课堂高效最直接的校本教研形式，如何组织集体备课，怎样提高备课的实效？

集体备课走向"操作性课程"

□司家栋

　　集体备课是将"文本性课程"转化为"操作性课程"的一种"战术性策划"。面对新课程、新课堂，集体备课也要突破传统定式，以打造高效课堂为指向，改变集体备课的观念，创新集体备课的方式，提高集体备课的实效。

一、教学流程与问题解决的备课策略

　　在有限的时间内解决最重要的问题，是提高集体备课实效的根本。我们把集体备课分为两大类分别进行说明。

　　一类是基于课堂教学流程各环节最优化的常规型集体备课。这一类

的集体备课，一般性的问题要求教师在个人备课中自行解决，不要面面俱到，也不必讲求人人统一。要把时间和精力用在研究决定课堂质量的几个关键环节上。例如高效课堂中的预习环节，没有预习目标的达成，学生就不能深入进去提出问题，后面的各环节也将受到很大的影响。学生的预习是通过导学案进行的，在导学案的设计过程中，就要抓住如何通过层次递进式的问题将学生引向自主学习，如何促进学生发现问题，如何获得学生预习目标达成情况的反馈信息等关键性问题，进行集体交流与研讨。类似问题得到解决，集体备课的实效性才有可能得到提高。

另一类是基于问题解决的探究型集体备课。这里所说的问题要来源于学生的学和教师的课堂实践。集体备课前，主持人可对问题进行征集，然后确定研究主题，在集体备课时大家围绕主题展开研讨，最后形成相对一致的意见。这样的集体备课针对性强、解决问题透彻、实效性高。当然有时候需要把达成的共识再次在实践中进行检验，还有些比较大的重要问题，要在多次集体备课中反复研究。例如关于小组合作问题，课堂的高效是以小组为单元来实现的，其实效性决定课堂是否高效。很多情况下小组合作处在浅层面上而流于形式，没有真正意义上的合作学习，集体备课就要抓住如何把握合作的时机和内容、如何运用团体动力学理论保持小组合作旺盛的活力等关键性问题，进行反复研究。

二、创新备课方式，提高备课实效

德州跃华学校经过多年的研究，形成了"个人独备→集体研讨→修正方案→重点跟踪→课后交流→反思复备"基本模式，在不断完善模式、形成集体备课常态化的基础上，还进行了集体备课方式的创新尝试，对保持集体备课的活力、提高集体备课的实效发挥了重要作用。现介绍几种行之有效的集体备课方式：（1）"头脑风暴式"集体备课。多用于学期初对本学期教学任务的整体备课，也可用于某一单元的备课。这种方式的集体备课有利于从课程的角度对教学进行整体把握，能够在理念的层面上指导每节课的设计。(2)"案例式"集体备课。即先由一名教师按自主设计的方案进行课堂教学，集体听课后进行现场研究，以本节课为研究素材，通过剖析课堂成败要素进行集体备课，使每个人在此基础上修改自己的方案，然后再进行课堂实施。这种方式的特点是素材鲜活，能在现实的情境中有具体感悟，使接下来的集体备课针对性更强。(3)"辩论式"集体备课。对一些有争议的、一时很难达成共识的问题，可采用辩论赛模式分两组进行辩论。这种方式的特点是能引发团体讨论的兴趣，使问题得到深入探讨与拓展延伸，最终使问题得到澄清。需要特别说明的是，无论采用哪种方式的集体备课，都要求教师先进行独立备课，没有教师独立备课的集体备课很难有较高的实效，这正如没有学生的独立学习，就进入小组合作学习实效性差是同样的道理。

三、评价让备课不打折扣

有工作就要有评价，不然就很难保证落实；没有一丝不苟的落实，就不会有不折不扣的实效。对集体备课进行评价的目的，在于激发每个人的热情，保持集体备课的活力，保证集体备课精益求精，促进团队共同发展。对集体备课的评价可从两方面进行，一方面是对集体备课活动本身的评价，主要评价要素举例：是否能提出实践中的问题，是否全员发表了自己的意见，发表的意见是否有深度，是否对问题解决有独到见解等，确实使评价具有导向性和激励性。另一方面是通过对课堂实际效果的评价来进行间接评价，因为集体备课的实效最终要体现在课堂是否高效上，没有课堂的高效就根本谈不上集体备课的实效。

（作者单位系山东省德州市跃华学校）

备学情是一切课堂设计的基础，这一步需要研究什么？您是如何做的？

研究学情，尊重学生成长规律

□谢　丽

备学情是一切课堂设计的基础，尊重学生的成长规律，尊重学生之间的差异是备课的原则。

备课要研究学生的基础，包括知识储备和生活积累。研究哪些知识点与学生已有的经验关系密切，应该用什么方法把新旧知识联系起来，做到前勾后连。联系学生的生活经验，会让学生对知识感兴趣。比如：数学学习《角的认识》，让学生去寻找生活中不同类型的角；语文课文中学生与内容相关的类似经历等都可以在备课中有所预设。

备课要研究怎样导入才能调动学习兴趣，让学生的大脑呈开放状态。这就需要在备课时研究课堂"热身"法，培植敢想敢说，又能静下心来思考的课堂气氛，这是一堂课的基础。如：运用故事法、游戏法、猜测法、图片法、音乐法、以旧带新法、实验法等等，可根据不同的教材内容和师生特点做恰当的选择。

备课要研究根据学情把握课堂节奏的方法。比如：在哪一个环节、哪些问题上点拨，如何点拨；在哪些课上让学生动起来，激活思维，展示精彩；在什么时候保持安静，配合学生深入思考；是单独预习还是小组合作；是创设情境让学生体验，还是根据话题展开讨论……这些都需要在备课时细致地考虑。

备课要研究学生的知识结构。把新知识融入到学生的知识框架中，形成比较完整的知识链条甚至是知识网络，而不是一个个零散的点，为学生运用所学知识解决问题打下坚实的基础。

集体备课的过程中教师在各抒己见的基础上，选择大家都认为比较好的教学法，但在具体的操作过程中要根据本班学生特点进行调整，也可以把本班学生的特点说一说，比如有的班级学生比较活跃，有的班级学生则比较沉稳，有的班级两极分化严重等等，听一听大家有什么比较好的调整方法，集思广益，为我所用。

（作者单位系山东省淄博市临淄区晏婴小学）

备课除了备学情、学法外，如何活用、用活教材？

使"教"服务于"学"

□徐生坛

活用、用活教材，实现由"教教材"到"用教材学"的转变，要求教师能够站在一定的高度去审视教材，在研究学情的基础上，寻求学生认知规律与教材编写意图之间的契合，备课时，科学合理地整合、重组和加工，使教材服务于师生，使"教"服务于"学"。

备课首先要准确、系统地把握教材的知识结构和逻辑体系，做到对编写意图和重点章节了然于胸，然后结合学生实际，预设课堂方案。备课时，教师可以先对下一周的教学内容进行集体研讨，从总体上确定哪几篇课文必须教读，哪几篇课文由学生自读，需要补充哪些教材等，然后再对每篇课文从文体、作者、写作背景、思想内涵、语言特点、写作手法等各个方面进行最大限度地挖掘，对相关的知识点进行一次系统的梳理，最后再联系前面学过的内容和以后将要涉及的知识进行取舍，确定一周教学的重、难点，并共商突破难点的路径。

"教什么"的问题解决以后，集体备课就要讨论该"如何教"——科学的说法是引导学生"如何学"。对于课堂教学而言，"教"只是一种途径，真正让学生"学"好才是我们的终极追求。而能否解决好"如何教"的问题（即能否让学生学好），则取决于教师能否准确地把上一环节预定"教"的重、难点转化为学生"学"的阶段目标和总目标，能否通过自己灵活的方式激发学生的学习兴趣和探究欲望，能否通过自己高效的引导使学生在自主、合作的氛围中体验到成功的喜悦并在不知不觉中学有所得。这个环节尤其考验教师的教育智慧。

本环节的集体研讨，可围绕如下几个方面的问题展开：学习目标如何确定，导学案如何编制，课堂展示如何进行，哪些课型适合用多媒体，哪些内容适宜放手让学生自学，哪些问题有必要组织学生展开深入讨论等。如果时间允许的话，还可以对学生有可能在课堂上提出哪些"怪异"的问题，课堂上可能出现哪些"意外"，老师该如何应对等问题进行预测性讨论。

（作者单位系甘肃省兰州市天庆实验中学）

"新课堂"需要什么样的流程与文化

新课堂文化提倡建立师生平等和谐的课堂气氛，它更关注每一个学生的全面发展，体现新课程课堂教学重过程、重体验、重探究的基本理念。任何文化的熏染都必须借助于一定的流程来推行，课堂文化尤其如此。没有课堂流程的重建，课堂文化只是空谈，课堂教学改革也必将走向形式化，最终无功而返。

对话嘉宾
刘良华 华南师范大学教科院教授
原林生 山西省阳泉市第十二中学校长
陈　茵 上海市徐汇区龙华小学副校长
葛小丽 山东省淄博市皇城一中教务主任
对话主持　郭　瑞

构建开放而有活力的课堂文化

课堂文化应该是对生命的理解和尊重，对智慧的激发和启迪，对能力的培养和提升。它充分体现了"以学生为本"。

郭瑞： 教育规划纲要的出台让我们清醒地感觉到，推行素质教育的实质是努力使全体学生全面发展，树立正确的教育观。在这样的育人文化的要求下，课堂需要什么样的文化来与之对接？

陈茵：在人类已经开始进入"学习化社会"、"信息化社会"之际，我们不能再将教材上的内容原封不动地"塞"给学生，而是要通过学习、实践、反思，不断提高教学过程的整体化设计能力，运用有效的方法、策略培养学生学会学习。新课堂文化提倡建立师生平等和谐的课堂气氛，它更关注每一个学生的全面发展，体现新课程课堂教学重过程、重体验、重探究的基本理念。

作为教师，教育观念的更新尤为重要，我们只能选择适合学生的教育，不能选择被教育者。我们不求人人最好，但求个个发展。课堂文化包含的因素很多，它应该是对生命的理解和尊重，对智慧的激发和启迪，对能力的培养和提升。它充分体现了"以学生为本"。每一位教师都要用心去爱学生，呵护每一位学生的心灵，教学活动是师生共同参与的过程，只有双方都全身心地投入，才能收到良好效果。美国心理学家马斯洛认为："只有在真诚、理解的师生人际关系中，学生才敢于和勇于发表见解，自由想象和创造，从而热情地汲取知识、发展能力、形成人格。"因此，热爱学生、尊重学生，呵护每一位学生的心灵，这是教育的基础和前提。

葛小丽：在美国，没有纯粹的"讲授式"教学。教师通常希望或要求课堂互动与讨论，而学生也会在关键点上主动提问。大多数情况下，不认为这种"打断"是不礼貌的，因为美国学生普遍有一种"消费者心理"：我们花钱花时间来到课堂，就是知识和教师的消费者，有权得到满意的答案，有权请教师进一步解答不明之处。

国外的课堂文化以及课堂价值取向或许会给我们的课堂文化追求带

来一定的启示：要建立开放而有活力的课堂文化，就要求我们的课堂应该是学生的课堂，是学生充分施展和表现才能、取得学习成果的时空。

因此，关照生命，尊重成长，学生自主地、生动活泼地、具有生命活力地学习，应该是我们追求的课堂文化的主要标志。

其一：追求教师与学生生命的共同融入。生命只有一次，所以弥足珍贵。生命属于偶然，所以每个生命都依恋另一个生命结伴而行。从生命意义上讲，课堂文化，就是珍爱生命、敬畏生命、享受生命，追求教师与学生生命的共同融入。

其二：追求教师与学生心灵的平等对话。教师真诚地把学生看做心灵上的朋友，学生忘情地把教师当做灵魂中的亲人，彼此尊重，以人为本，充满人文关怀。教师对学生要尊重其人格，理解其要求，赏识其个性，激励其潜能，真正为学生的幸福人生奠基。

其三：追求教师与学生智慧的相互启迪。或在教学设计上别出心裁，或在内容感悟上独具慧眼，或在课堂操作上另辟蹊径，师生共同经历由不知到知、由不会到会、由不能到能的过程，互相促进，彼此启发。

原林生：随着教育教学改革的深入发展，课堂需要构建体现自主合作探究、富于生命张力、关系融洽、追求智慧灵动、过程民主平等、机制严谨有序的课堂文化。

这里的自主合作探究，就是让学习发生在学生身上，让学生主动、愉快地学习，真正体现学会、会学到乐学的过程。合作是当今的时代命题，它既是一种学习方式，又是当今社会必备的一种能力。

富于生命张力就是让生活走进课堂，让课堂回归生活，创造以人为本、彰显生活、生命和生态的教育特色，凸显学生的主体地位，尊重学生的生命价值，赋予课堂教学以生命意义的课堂。

关系融洽就是培养与塑造学生的优良品质，从营造积极向上的氛围文化开始，让这种文化充盈于课堂的时间和空间，滋养学生幼小的心灵，使之愉悦、心动、奋发、进取，从而激发对学习、对知识、对学科的浓厚兴趣，并产生积极的行动。

智慧与灵动是课堂文化建设的方向。有文化品格的课堂，一定充满智慧和灵性。启迪心智、萌发智慧，是任何课堂都需要把握的基本目标。智慧灵动的课堂集中体现三个方面：一是注重培养学生的思维方式；二是体现学习方式的多样化，整个教学过程充满着创造和生成；三是整个课堂充满教学智慧。

过程民主平等是指师生、生生基于相互尊重、信任、平等的立场，通过言谈和倾听而进行的双向沟通、共同学习的方式。这里首先是师生关系的平等，即师生的课堂交流中，教师摆正学生的主体位置，给予学生应该享有的权利，给予学生主动发言与参与的机会。其次是生生的关系必须是平等的，课堂上既不能使一部分学生成为对话的"贵族"，也不能使一部分学生成为对话的"奴隶"。

机制严谨有序就是要建立教师课堂行为制度。没有制度，课堂文化难以繁荣和发展。制度的最终目的是为了保证每个学生的发展，在制度的落实中，形成学校、学科和班级所特有的课堂机制文化。

刘良华：其实课堂文化的基础还是"学生自学"，而且是"有主见地自学"。卓越的教师并非口若悬河的演讲者，而是一个鼓励学生"有主见地自学"的推动者和帮助者。

"有主见地自学"意味着有思考地阅读或带着自己的主见去阅读，甚至带着自己的强大偏见去阅读，也可以称为以思带读、先思后读。

"有主见地自学"原本是中国古典的学习方式。孔子的教育名言是

"学而不思则罔，思而不学则殆"。孔子的这条教育名言一直为后人称道。所谓"思"，就是阅读之前或阅读过程中冒出来的"主见"、"灵感"、"假设"、"视角"、"偏见"。

追求哥白尼式的"新中心"教学程序

与"有主见地自学"相关的教学程序虽有多种可能的状态，但关键要素将比较稳定地显示为哥白尼式的"新中心"。

郭瑞：良华老师是回归到古代教育思想中来看现代课堂文化的。就先秦诸子的教育思想而言，中国古典的学习方式存在两个不同的"学派"：一个重视读书，可称为"读书派"，以荀子为代表；一个重视思考和设想，可称为"思想派"，以孟子为代表。

刘良华：孔子似乎是"读书"与"思想"并重的，遗憾的是，孔子虽提出"学而不思则罔，思而不学则殆"，但他本人又以自己的亲身经历来告诫后人："吾尝终日不食，终夜不寝，以思，无益，不如学也。"这句话说得很严重，它几乎就是在警告学生：思是无益的，空思空想不如直接读书。这使"思"在"学而不思则罔，思而不学则殆"的教育名言中落空。这为后来的学习者不重视"有主见地自学"或"有思考地阅读"埋下了隐患。

孔子之后，荀子对孔子的"空思空想不如直接阅读"似乎心领神会，并将其进一步转换成简洁明了的千古名言："吾尝终日而思矣，不如须臾之所学也。"

荀子的话使"思"的含量进一步减轻，"学"（读书）的含量进一步增加。《劝学》置于《荀子》的首篇，看来并非偶然。所谓"劝学"者，意在劝"学"而不在劝"思"。在《劝学》中，荀子提出一系列"为学"的忠告："吾尝终日而思矣，不如须臾之所学也。吾尝跂而望矣，不如登高之博见也。登高而招，臂非加长也，而见者远……"在荀子看来，"学"（读书）能让人借助前人的文化与道德成果而提升自己，少走弯路。"读书"之于荀子，犹如英国人牛顿所谓"巨人的肩膀"。荀子讲"高地"、"风"、"马"、"舟"，牛顿讲"肩膀"。

如果说荀子选择了孔子的"吾尝终日不食，终夜不寝，以思，无益，不如学也"这句话，那么，孟子似乎更愿意接受孔子的"学而不思则罔，思而不学则殆"的训示。在孟子看来，学习并不一定要看很多书，因为"善"端、"良心"已经内在于"心"。只是人"心"受了些蒙蔽，产生了一些不好的欲望，致使心驰外物，内在的"善"端、"良心"受了"流放"。人只需要通过"思"将那些被"流放"在外面的"善"端、"良心"找回来就是了。孟子所谓的"思"，就是"自求自得"、"求其放心"，是将"流放"、丢失了的"良心"寻找回来。

如果说荀子的立场是"阅读"且"尽可能多读"，那么，孟子的立场则是"有主见地自学"、"有主见地阅读"且尽可能多思考、尽可能以思考带动阅读。

郭瑞：若教师愿意将"有主见地自学"作为自己的课堂文化，那么，相应的教学程序将显示出与传统的教授教学不同的样式。

刘良华：与"有主见地自学"相关的教学程序虽有多种可能的形式，但关键要素将比较稳定地显示为哥白尼式的"新中心"。

传统的教学中心显示为"以教师的讲授为中心，学生围绕教师的讲授转"；新的教学中心（"有主见地自学"的中心）则转换为"以学生自学为中心，教师围绕学生的自学转"。

传统的教学中心显示为"以阅读课本、记住答案为中心，学生围绕课本和标准答案转"；新的教学中心（"有主见地自学"的中心）则转换为"以思考、假设为中心，课本围绕学生的思考和假设转"。

具体的教学流程如：第一步，阅读：学生自己阅读课本以及相关的材料；第二步，质疑：学生提出疑问和假设；第三步，练习：学生重新审读课本及相关的材料并验证自己的假设。

没有流程重建，课堂文化只是空谈

课堂流程各有不同，思维主线却惊人一致：动态学习—情境交流—自由表达—智慧引领。课堂追求也殊途同归：先学后教，以学定教。

郭瑞：通过阅读、质疑和练习的解读，良华老师已经告诉我们课堂文化是需要流程来承载的。各位对此怎么看？你们所在的学校在这方面有什么经验？

葛小丽：任何文化的熏染都必须借助于一定的流程来推行，课堂文化尤其如此。没有课堂流程的重建，课堂文化只是空谈，课堂教学改革也必将走向形式化，最终无功而返。

我所在的山东淄博市临淄区从 2005 年开始进行理想课堂建设，在建设理想、高效、生命化的课堂文化这一总体追求之下，涌现出诸多课堂流程建设模式。例如：

"导学式、活动化"成长课堂流程：有效预习—多彩展示—精讲互动—反馈升华。教学流程充分尊重学生的主体地位，但也处处体现教师的指导作用，追求活动化的教学设计，注重学生在学习上积极、主动的参与。

发展性生本课堂流程：学—展—点—评。四项课堂评价指标：是否重视学生主动参与课堂学习，是否注意培养学生的创新能力，是否使课堂教学保持有效的互动，是否关注学生的情感体验。

"五环节"理想课堂模式：目标认定—自主预习—展示交流—点拨升华—达标（作业）反馈。

综观这些课堂模式，不难看出：课堂流程各有不同，思维主线却惊人一致：动态学习—情境交流—自由表达—智慧引领。课堂追求也殊途同归：先学后教，以学定教。当然课堂文化追求亦不约而同：呵护生命，关照成长，缔造充满生命活力的课堂。因此，自由多元灵动的课堂流程是实现生命化课堂文化的最佳平台。

当然，理想的课堂流程应该是灵动的、智慧的、动态生成的。具体地说，老师备课时对目标的确定、内容的安排、方法的选择、多媒体的运用作了充分的思考与准备后，在穷尽教学中可能出现的各种变化而做出应对措施后，就要把整个身心都投入到课堂中去，把目光都集中到每一个学生身上，关注他们表情的变化，倾听他们发言的内容，观察他们讨论的状况，了解他们掌握的程度……然后该激励的激励，该点拨的点拨，该示范的示范，该调整的调整……做到灵活应变，因势利导。这样，我们的课堂教学才能充满激情与智慧，充满生机与活力，充满挑战与创新。我们的课堂文化才是最真实的对生命的尊重与呵护，是儿童灵性和生命活力的最大张扬。

原林生：课堂文化需要以一定的教学模式为载体去承载，我们是以"三段五环节"的教学模式来实现课堂文化的。"三段"：课前、课中、课后。"五环节"即预习质疑、认定目标、交流探究、梳理小结、达标反馈。

课前为探究文化。教师以引导和帮助学生实现高效和充满兴趣的学习前置为目标，以学生自主、主动、高效预习为出发点，依据学生、学情和学法，经学科组集体研究，对教材进行"翻译"和"二度创作"，编写出高质量的"学案"；学生则利用"学案"进行高效、自主地预习，完成50％的学习目标。

课中为展示文化。按"五环节"教学方法对学习过程进行组织、控制，在"生生互动"、"师生互动"中完成学习目标。教师帮助学生认定目标，学习过程中进行三查，及时处理预设与生成的问题关系，适时点拨追问，进行达标检测。学生以小组活动为主要方式，独学、对学、群学、展示、质疑、对抗，建构知识体系，完成学习目标。

课后为反思文化。教师做好课后反思，实现自己的专业发展，并详细标记在学案中；学生则通过达标情况，查缺补漏，落实全部学习目标。并以此为基础，预习下节课的学习任务。也就是说，我们是通过探究、展示和反思三个文化板块来实现我们的课堂文化的。

"新课堂"需要什么样的评价语

好的课堂用语不仅体现在对学生的激励、引导、评价、组织上，还体现在激起学生的学习兴趣，营造和谐、愉悦的课堂氛围上。那么，教师该如何运用符合"新课堂"理念的语言，呵护学生的心理安全？对待不同年级的学生，课堂用语有何区别？

对话嘉宾
葛兆广　山东省郯城县美澳学校副校长
李修成　江苏省邳州市戴庄镇李圩小学教导主任
庄荣生　浙江省杭州高级中学附属启正中学教师
谢　华　四川省泸县二中外国语实验学校教师
韩新霞　山东省蒙阴县第二实验小学教师
对话主持　梁恕俭

带"病"的课堂评价

责备羞辱、道德说教、命令支使、嘲讽奚落、训诫指责、威胁利诱等等，都可能让孩子远离文明，逐渐变得冷漠、粗俗，甚至产生敌对情绪。

梁恕俭："一句知心的话语，也许胜过万钧雷霆；一声亲切的呼唤，能有起死回生的力量。"如此重要的课堂评价语言，在现在的课堂上存在哪些问题？

庄荣生：语言是思维的载体，呆板的思维带来僵死的评价。一些教师的课堂评价语言很单调，如若是赞成，多是"很棒"、"好"、"可以"，甚至有学生对老师提出的问题回答"我不知道"，老师还是"好"，这个"好"字是口头禅，是示意坐下，还是表示认可呢？无从知晓。也有学生的回答得到同学的掌声了，老师还是一个简单的"好"字结束，学生一头雾水，好在哪里呢？用单一语言去面对丰富的学生群体，就会造成交流的低效。课堂评价用语中存在的一些问题，如责备羞辱、道德说教、命令支使、嘲讽奚落、训诫指责、威胁利诱等等，都可能让孩子远离文明，逐渐变得冷漠、粗俗，甚至产生敌对情绪。通常，我们并不在意自己对学生是接受还是拒绝。然而，这一差别对学生却至关重要。

葛兆广：师道尊严，传统课堂有时要求学生绝对服从，教师手中有标准答案，还有"权威"的教学参考书。殊不知现代传媒高速发展，学习渠道四通八达，学生的认知能力早已超越了书本界限。教师的评价要留有余地，学会聆听孩子的争辩。学生是为体验美好生命而来的，不是为考试而来的。强加的观点如同强送的玫瑰花，得不到认可，反倒有可能招来白眼。课堂评价学生讲究就事论事，不要影射学生。学生回答不了问题，教师不要把目光转向他不整洁的衣着；犯了一点错误，不要涉及学生的家庭背景及成绩好坏。教师是孩子信任的大朋友，不能因为学生仰视你，就可以居高临下、妄下断语。

谢华：严谨的语言使人可信，幽默的语言使人愉快，激昂的语言使人振奋，形象的语言使人清晰。当然单调乏味的语言就会带给课堂沉闷和窒息感。教师对学生的评价应当是充满活力的，让课堂成为学生自主发展、快乐成长的舞台。然而，我在调查中，部分学生提到，有些教师在评价时，眼睛甚至没有看着学生。也有学生认为教师的评价只是在敷衍，更不用说是充满感情了。

韩新霞：有的老师在潜意识里把学生划分成三六九等，对优生倍加呵护，而对所谓的后进生冷言讽语。教师公正性的评价用语能让学生觉得自己是重要的，从而不会产生自卑情绪。不管是优等生还是差生，都要做到一视同仁。对孩子提出愿望要求，一定得在师生彼此信任的时候，有道是"孩子快乐，一切教育都是有效的；孩子不快乐，一切教育都是苍白的"。

李修成：课堂交流关注了个体，很容易忽略整体。比如随便表扬"你是全班最棒的"，那其他同学会怎么想？"你回答得糟糕透了，根本就没有抓住实质。"其他同学受到否定的情绪影响，惰性就会在老师的棒杀之下滋生出来。在课堂评价中，学生应该是课堂评价的主体。教师应积极创设民主、和谐的课堂氛围，给学生提供评价的机会，把学生的自我评价与学生间互相评价结合起来，让学生自主评价。

"安全感"激励"新学生"

教师应变换角色，蹲下身来跟学生交流，营造一种民主、和谐、开放的氛围。教师要想被学生悦纳，就要了解学生的思想，抓住学生的心。学生只有在感觉良好的时候，才会产生美好的愿望。

梁恕俭："赠人一言，重于珠玉；伤人一言，重于剑戟。"教师都知道"鼓励赞许惠人不浅，讽刺挖苦害人无穷"。那么，教师怎样才能运用好课堂评价语呢？

庄荣生：好的课堂评价用语是以人为本、尊重学生、张扬个性的。教师应变换角色，蹲下身来跟学生交流，营造一种民主、和谐、开放的氛围。教师要想被学生悦纳，就要了解学生的思想，先抓住学生的心。学生只有在感觉良好的时候，才会产生美好的愿望。教师也可将评价语和体态语有机结合，通过表情、语调、手势等态势语，达到"此时无声胜有声"的效果。

葛兆广：教师要以情激情，以智激智，客观地评价课堂行为。没有尊重就没有评价，不把学生放在心上，评价语就不可能打动学生。关爱的力量是无穷的，只有真心为学生好，评价才能生效。教师要经常说这样的话语："孩子你怎么了，我能帮你什么忙"，"相信自己，只要好好努力，没有不可能的"等等。这些话语让学生感觉你的心是跟他贴在一起的，你的真诚与关爱也将换来他们对你的信任与追随。

谢华：课堂评价是对学生学习行为的提醒、矫正、劝诫、引导与鼓励。恰如其分的表扬、充满关怀的批评、满怀希望的鼓励，可以帮助学生营造一个愉悦、宽松的学习氛围，给学生创造出一个认识自我、建立自信的空间。优秀是夸出来的，发自内心的赞赏是对学生行为价值的肯定。教师不断的肯定能激发学生的信心和进一步探讨问题的兴趣，让师生的交流更加高效。学生得到老师的肯定与尊重，就会以感恩的精神状态不断努力，甚至会超越预期目标。

李修成：新课堂中师生的交流是融洽、宽松与和谐的，任何语言暴力都不应该出现。激励性语言和幽默性语言应该成为新课堂的"统治性"语言。多运用激励性语言，学生才能发出蛰伏的激情，从而动起来，课堂也才能活起来。多运用幽默性语言，学生才能学得轻松，有快乐的心情，有安全感。这两种语言的运用，能把老师从师道尊严的"神坛"上拉下来，与学生一起成长。

韩新霞：新课堂评价用语应该是充满期待而又不失信任的。符合学生内心愿望的评价语反映了老师对学生的信任和尊重，能够使学生产生自信心和上进心；期望而不失信任的课堂评价用语，可以在获得学生认同的同时，拉近师生间的距离。因为这些话语的潜台词就是"你是可以做好的，老师相信你"。

评价用语要得体

教师绝不能进行人身攻击，要压制住怒火，不失态，不失语，妥善化解矛盾，巧妙处理争端，要注意批评的场合与方式，要给学生申辩的机会。

梁恕俭：课堂评价用语要注意什么？

庄荣生：首先要注意不要妄下断言。如果老师妄下断言，比如"你这个笨蛋"、"你疯了吗"、"你会伤害到你的朋友的"等等，就会对学生造成侮辱和伤害。老师应该描述他所看见的，他所感受的以及他所期待的，通过运用"我"的语言来保护自己的学生，例如"我不希望这样"、"这太让我生气了"等等，让孩子自己作出对自己的评价。

韩新霞：有的教师在处理学生问题时总喜欢用定性思维来思考问题，喜欢把学生以前的事情都拉扯到一块，这样会使师生关系失去信任感，容易使学生产生逆反心理。教师绝不能进行人身攻击，要压制住怒火，不失态，不失语，妥善化解矛盾，巧妙处理争端。大事化小，小事化了，让学生心悦诚服。

葛兆广：注意批评的场合与方式。学生犯了错误，有的教师不分场合，便在全班公开点名批评。结果，被批评的学生中，有的学生再也抬不起头来，有的干脆破罐子破摔。批评的场合恰当与否，关系到批评效果的好坏。教师在公众场合最好委婉地提醒，或用幽默的调侃点明问题即可，给学生创造认识和改正错误的良好环境。批评学生应该进行个别教育，根据学生犯错误的性质、程度、影响和学生的性格、脾气，选择适当的方法开展批评。

谢华：注意给学生申辩的机会。有的教师只要学生犯了错误，不问青红皂白，叫过来就是一顿大声斥责。被批评的学生慑于教师的骄横，嘴上不敢申辩，心里更不服气，激起逆反心理，错误还可能迁移或复犯。批评学生要以事实为依据，以校规为准绳，要消除师生的对立情绪。在彼此信任的基础上讲道理，这样才能找到问题的根源，帮助学生从思想深处认识错误，改正错误。

差异学情，多元评价

我们要形成多元化的教学评价观，关注学生的性格差异、生活经验和认知水平，让评价更有针对性。比如，对低年级的学生要"动之以情"，而高年级则要"晓之以理"；对成绩好的可"泼点冷水"，对学习困难的宜多给笑脸；文科评语追求生动，理科判断讲究严谨。

梁恕俭：不同的年级、学科，课堂评价用语有什么不同？

庄荣生：小学生把教师奉为权威，对教师的话言听计从。同时，小学生还很容易受暗示，模仿性强，缺乏自我分析和自我宽慰的能力。因此，这阶段教师的语言更多地要起到引领和教导作用。评价的语言也应该使用短句，尽量口语化，以"大朋友"的角色与之交流。

初中生自我意识和独立意识开始增强，拥有一定的分析和判断能力，不愿接受现成的观念和规范，情绪变化大，容易走极端。因此，教师要学会互换角色，贴近学生的心理，以平等的心态协商交流。课堂评价要有针对性，宜多用眼神与学生交流，及时作出合适有效的评价。

高中学生基本成熟，自我形象趋于稳定，独立自主的欲望很强烈。明智的教师应该学会向学生请教，主动和高中生建立朋友关系。同时，高中生的情感带有一种含蓄特点，能够比较自觉地调控自己的行为。因此，教师完全可以把他们当做自己的学习伙伴，尊重他们的观点，教学相长。课堂评价可以增加思辨性的语言，长短句结合，评价要更具理性。

李修成：课堂评价用语，首先要保证灵活机动，讲究客观真实，注意引领激励。课堂评价还要唤醒学生的主体意识，引导学生自主探究，在学生兴致盎然的情况下，给学生展示、分享的平台，使不同层次的学生都得到提高。我们要形成多元化的教学评价观，关注学生的性格差异、生活经验和认知水平，让评价更有针对性。比如，对低年级的学生要"动之以情"，而高年级则要"晓之以理"；对成绩好的可"泼点冷水"，对学习困难的宜多给笑脸；文科评语追求生动，理科判断讲究严谨。

葛兆广：课堂评价语有它的共性，但也要考虑到学科特点。比如，文科讲究感性理解，在评价语言上要注意文采。理科更具逻辑性，虽然也强调学习的过程体验，但结果要严密与科学。评价语是渲染意境和深入学习的"燃烧剂"，起到推波助澜的作用。教师要依据学科的学习内容、学习方法、学习形式等，从多个角度对学生进行评价。总之，要形成"以学生个体发展为本"的课堂教学评价观，坚持教师评价为主导，学生评价为主体的原则，鼓励创新，让恰当的评价语言为教学增效。

　　谢华：是的。学科不同，也就有不同学科特色的课堂评价用语。对于语文学科，讲究一个"语文味"，诗意化的评价语本身就是语文。课堂能给孩子们带来什么，取决于教室桌椅之外的空白处流动着什么。得体、恰当、精美的评价语，本身就是上好的教材，能让学生在潜移默化中受到美的熏陶。而数学课堂评价语要和严谨的思维、缜密的逻辑结合起来，体现数学的理性美。如果营造"暗香浮动"的氛围，弄得"数"朦胧、"学"朦胧，岂不糟糕？

"新课堂"如何导入

　　《中国教师报》曾力推"新教师"、"新课堂"、"新学校"、"新学生"的新课改理念，这个"新课堂"并非指新授课，而是指在新课改理念下，以学生自主学习为特征的课堂。那么，教师该如何组织实施这样的"新课堂"？新旧课堂的导入有什么不同？导入有哪些常用方法，又有哪些常见误区？让我们锁定"导入"环节。

对话嘉宾

钱守旺　中国人民大学附属小学副校长

苏　瑜　江苏省溧阳市文化小学副校长

王克兵　河北省固安县英才中学业务校长

朱雷云　江苏省兴化市陈堡中心小学教科室副主任

杨　枫　湖南省石门县澧澜实验完中教师

对话主持　梁恕俭

由"师唱独角戏"到"生演群口秀"

新课堂的导入，提倡学生来主持，老师的作用就是控制点火的时机、点火的方式、点燃的部位、燃烧的程度，要让学生自己去"烧"。

梁恕俭：课堂导入好比提琴演奏前上弦，歌唱家定调——导入之重要无须多言。但在以学生为中心的"新课堂"中，导入的主体发生了更改。与旧课堂比，"新课堂"对导入提出了哪些要求？最明显的变化是什么？

杨枫：无论哪种课堂，都非常重视导入。良好的开端是成功的一半，好的导入能培养学生的学习主动性，让学生迅速进入最佳的学习状态。著名特级教师于漪说："在课堂教学中要培养激发学生的学习兴趣，首先应抓住导入课文的环节，一开课就把学生牢牢地吸引住。"

朱雷云：如果是一门心思地把学生"吸引"到自己身边，而不是放手发动学生自主学习，这还是旧的"以师为中心"的课型。新课堂的导入，提倡让学生来主持，老师拿着"火把"，待学生把预学中准备好的"干柴"往讲台上一放，师生共同进入燃烧状态。老师的作用就是控制点火的时机、点火的方式、点燃的部位、燃烧的程度，要让学生自己去"烧"。那种"燃烧老师，照亮学生"的行为并不受新课堂欢迎。

钱守旺：是的，如果老师不想办法使学生产生智力振奋的内心状态，就急于传授知识，那么这种知识只能使学生产生冷漠的态度，而给不动感情的脑力劳动带来疲劳。好的导入能创设扣人心弦的情境，激发学生的兴趣，引起学生的认知欲望，使学生想学。

王克兵：使学生想学，就得研究学生心理，从学习目标设置入手，让学生直接和知识对话。新课堂的导入，主要任务是出示学习目标，确定学习方式，点燃探究热情。与旧课堂比，导入最明显的变化是由"师唱独角戏"到"生演群口秀"，由教师一统讲台到学生分而治之。

从学生的学习行为出发

一切学科的教学本质上应该从心智启迪开始，教学语言应当是引火线、冲击波、兴奋剂，要有撩人心智、激人思维的功效。好的导入语是新旧知识的衔接点，又是课堂兴奋剂。

梁恕俭： 第斯多惠指出："教育的艺术不在于传授知识和本领，而在于激励、唤醒和鼓舞。"教学导入虽然只是整节课的一小部分，但是它不仅是一门技术，更是一门艺术。如何来评价课堂导语的好坏呢？

钱守旺： 好的课堂导入要具有这样四个特点：自然、有趣、简洁、启思。课堂导入要自然、流畅、不露痕迹，引导学生巧妙地过渡到新课的学习中，使导入与新课浑然一体。除了"激趣"与"简洁"外，课堂导入还要"启思"。好的导入一定能够引发学生的思考，让学生在导入的内容中得到启发，并借此进行新知识的学习。

朱雷云： 其实，最"自然"的莫过于学生自己来导入；最"有趣"的莫过于主持人是副新面孔，导入语还没说完脸就憋得通红；最"简洁"的就是直截了当，出示学习目标，然后发令枪一响，学生以不同方式向目标进攻；最能"启思"的就是设计学习路线图，让学生知道，目前在哪，到哪里去，怎么去。一切学科的教学本质上应该从心智启迪开始，教学语言应当是引火线、冲击波、兴奋剂，要有撩人心智、激人思维的功效。好的导入语是新旧知识的衔接点，又是课堂兴奋剂。

苏瑜： 为了切实提高导入的功效，一方面要明确导入应达到的目的：提出新课题，创设矛盾冲突，让学生有兴趣，将抽象的东西与生活联系。另一方面还需要深入了解学科知识本身与学生的特点，让潜在的导向功能符合教育的价值追求。换句话说就是"要关注知识的变化，当知识发生质变时就需要变换情境，这就需要导入活动帮助学生理解，因为质的变化是个抽象的过程，导入活动必须从学生出发，从学生的学习行为出发"。

招多不要迷人眼

新课导入必须紧扣将要展开的教学内容来设计，并充分考虑到学生的现有发展水平，具有明确的目的性。不可一味求新、求奇，要尽量避免华而不实。

梁恕俭：导入起着酝酿情绪、集中注意力、渗透主题和带情入境的作用，但是在实际操作中，不少教师在设计课堂导入时讲究"花哨"，以至"乱花渐欲迷人眼"——课堂导入究竟有哪些误区？

钱守旺：老师们经常出现的问题有"用时过长"和"盲目求新"，第三就是"媒体过度"，教师过于依赖现代化的教育技术手段，大量的视频充斥课堂，教学只图表面热闹，忽略了我们身边可充分利用的教学资源。第四是"舍近求远"，教师喜欢找些与上课内容没有多大关联的事物导入新课，拐弯抹角，补充的内容很多，看似形式新颖，但是与本节课联系不大，作用不突出。

朱雷云：课堂导入的下列误区必须注意：（1）偏离重点，目标不明。为了导入而导入，无法吸引学生的注意力，有时甚至会误导学生。（2）追求时尚，基础不牢。导入设计有些虚张声势，学生的注意力集中了，思维却凝固了。（3）以新带新，学生不懂。导入新知，最好以旧带新，循序渐进，不要骑马找马，作茧自缚。（4）生搬硬套，脱离实际。在设计诸如游戏时要考虑周全，评估可能出现的副作用。

杨枫： 还有两点需要注意：一是故弄玄虚。有的课堂导入形式新、奇、怪，却脱离学生实际生活经验，难以引起学生共鸣，不但没有激发学生兴趣，还给人一种故弄玄虚的感觉，让学生反感。二是哗众取宠。课堂导入是为后面的教学服务的，一旦偏离了教学目标，再精彩的导入也只能造成南辕北辙的后果。导入的目的要求教师在课堂伊始用最有效的方式、最少的时间、最快的速度，把学生的注意力引到教学目标上来。

苏瑜： 新课导入必须紧扣将要展开的教学内容来设计，并充分考虑到学生的现有发展水平，具有明确的目的性。不可一味求新、求奇，要尽量避免华而不实。好的导入要：关注兴趣投入，更要生成学习需要；关注学生经验，更要促进思维发展；关注原有认知，更要有利于知识建构。好的导入要找准两点，一是找准切入点。在教学中，教师需要知道学生已经知道了什么，学生还将需要学习什么。导入就要从这里切入，把新知不同于已有知识的生长点揭示出来，在学生原有认知结构中引起矛盾，从而把学生思维推向"心求通而不能，口预言而弗达"的愤悱境地，引起对新知强烈的探求愿望。二是找准需要点。在人的动力系统中，需要是最基础、最根本的动力源，对人的行为具有强大的推动力。导入与其他教育活动一样，绝不能忽视学生的需要。苏联心理学家包若维奇说："无论儿童处于怎样的教育环境作用之下，无论对他提出怎样的要求，只要这种要求未能纳入儿童的需要结构之中，它们便不能作为儿童发展的有效要素表现出来。"所以，导入一定要提供能满足学生直接需要与间接需要的诱因，从而激发学生需要的内驱力，最后达到充分调动学生学习新知识动力的目的。

学生参与才能导得开、入得深

课堂导入必须遵循的原则有：鲜明的针对性，巧妙的预设性，较强的启发性，一致的连贯性，扼要的简明性，机智的灵活性，生动的趣味性。

梁恕俭：新课改的目的在于引领学生主动学习，哪些导入方法可以调动学生的学习积极性，培养学生主动参与的意识？

钱守旺：成功的导入一定是建立在熟习教学内容、掌握课程标准、了解学生心理特点的基础之上。常用的导入新课的方式和技巧有：开门见山、温故知新、问题引领、组织活动、故事激趣、类比联想、制造冲突、游戏竞赛、联系生活、现场取材……方法有很多种，但要因教学内容而异，因师生情况而别。

苏瑜：是的，导入的方式受制于教学目标、学生情况、背景环境等诸多因素。所以，导入的方法也就五花八门，各有千秋，充满个性。下面，是我常用的导入方式：

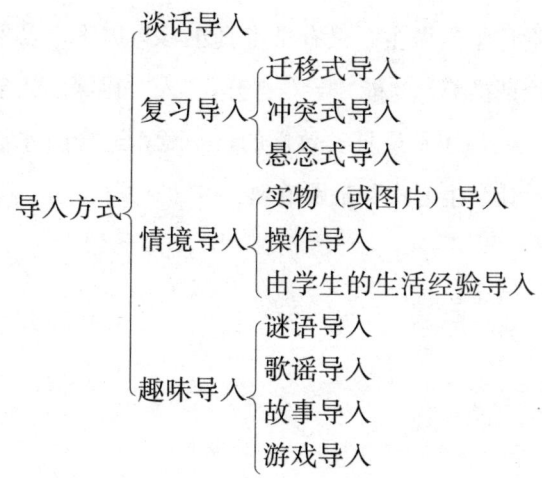

导入方式
- 谈话导入
- 复习导入
  - 迁移式导入
  - 冲突式导入
  - 悬念式导入
- 情境导入
  - 实物（或图片）导入
  - 操作导入
  - 由学生的生活经验导入
- 趣味导入
  - 谜语导入
  - 歌谣导入
  - 故事导入
  - 游戏导入

王克兵：以上设计还是以"师中心"来设计的，新课堂的导入主体是学生，可以说导入的形式呈几十倍增加。不要低估学生的导入能力，无论台前还是幕后，只要放手发动学生，学生就会自主探索，自行深入。打个不恰当的比方，学生身上哪儿痒，他们自己最清楚，该挠的地方，不用老师多说，学生也会动手。老师的作用就是在合适的时间、合适的位置、以适合的方式制造"痒点"——让学生动起来。

杨枫：教师应深入分析教材和学科特点，结合学生已有知识和生活经验，明确教学目标，追求形式和内容的协调统一。设计导入时力求做到目标明确，新颖有趣，精练省时。喜新厌旧是人的本性，再优秀的教师也会让学生产生"审美疲劳"，再高超的导入技巧用久了也不灵，这就要求师者要"善变"，而且要激疑逗趣。

朱雷云：好的课堂导入往往遵循以下原则：鲜明的针对性，巧妙的预设性，较强的启发性，一致的连贯性，扼要的简明性，机智的灵活性，生动的趣味性。另外，新课程强调以人为本，学生是课堂的主人。所以，导语设计要注意与学生互动，或者让学生来参与导入设计，真正把学习权还给学生，学生的课堂让学生做主。只有学生真正参与进来，以主人翁的姿态，设疑求问，论证推敲，才能"导"得开，"入"得深。让学生以自己喜闻乐见的方式导入，才是最具实效性的，毕竟，适合的才是最好的，"以学生的方式""让学生喜欢"是硬道理。

"新课堂"如何收尾

　　古人写文章讲究"凤头、猪肚、豹尾",课堂教学也如此。好的课堂结尾,不仅能巩固知识、拓展视野、挖掘潜能、升华情感,还能让学生学会归纳,留恋课堂,产生继续探究的欲望。但现实是,很多老师课前精心设计,课堂上精彩纷呈,结尾却草草收场。毋庸置疑,好的课堂结尾就像画龙点睛一样,让整节课生动传神。那么,结尾如何"点睛",课堂应从哪些方面收口,有哪些常见方式?让我们共同聚焦"新课堂"如何收尾。

对话嘉宾

肖学堂　安徽省东至县汪坡中学副校长

吴再柱　湖北省黄梅县独山中学副校长

张建伟　河南省伊川县鸦岭一中副校长

衡成荣　江苏省宝应县城中小学教导副主任

刘爱军　《中国教师报》全国教师培训基地高效课堂研究中心主任

对话主持　梁恕俭

结束是另一种开始

课堂结尾要将教学小课堂带入人生大课堂，将最佳效果从课堂之点辐射到课后之面，达到余音绕梁、回味无穷之境界。

梁恕俭："为人重晚节，行文看结穴。"许多教师非常重视一堂课的开始，精心设计教学过程，却往往忽视了一堂课的结尾，请问，课堂结尾的重要性、价值和意义体现在什么地方？

肖学堂：俗话说"编筐编篓，重在收口"，写作也要求"凤头豹尾"。一堂好课结尾也应如此，它可以再次激起学生的思维高潮，产生一种"曲终收拨当心画"的感觉。教师在引导学生对本节课进行总结、升华的同时，激发学生对相关内容或问题产生继续学习的欲望，并使学生在课后主动搜集信息，解决问题。课堂结尾要将教学小课堂带入人生大课堂，将最佳效果从课堂之点辐射到课后之面，达到余音绕梁、回味无穷之境界。

吴再柱：课堂结尾通常有三大功能。一是梳理知识。韩愈说："记事者必提其要，纂言者必钩其玄。"一节课下来，学生接受的信息量很大，需要通过小结，按知识内在规律，整理归纳，提炼概括，以便于学生提纲挈领，举一反三，实现知识迁移。二是升华情感。苏霍姆林斯基说："智育的目标不仅在于发展和充实智能，而且也在于形成高尚的道德和优美的品质。"一堂好课的结尾，能让师生的情感得以升华，迸发出一种精神力量。三是反馈教学。通过课堂总结，发现学与教的不足，为以后教学方法的改进提供借鉴。

张建伟：当前教学中由于教师对课堂结尾重视程度不够，或备课不充分，或时间不允许，或没放手发动学生。老师们的课堂结束语非常单调："通过这节课的学习你掌握了哪些知识？学到了哪些本领？还有什么不懂的地方吗？"这种结束方式强调知识的掌握而忽视了情感、态度与价值观的培养，索然无味，难以为继。

刘爱军：课堂结尾不给力，归根到底是教师的手伸得过长，包揽得过多，引导得过细。如果按照高效课堂"自学—展示—反馈"的一般流程，反馈即结尾，反馈的方式即结尾的举措。学生会在纠错中查缺补漏，会在自评中回味、吸收、消化，会在小组总结中见贤思齐，扬长避短，找到新的知识增长点。

重要的是让学生学会总结

学生是课堂学习的主体，教师的一切教学行为应该为学生服务。在课堂结尾时，教师立足引导，让学生来说、议、读、写，帮助学生总结学习内容，拓展延伸，巩固升华。

梁恕俭：学生会总结比什么都重要。教师放手时，如何引导学生，从哪些方面结尾？不同学科、不同课型、不同内容的结尾方式有何区别？

肖学堂：新课堂讲求高效实效，讲求人本，讲求和谐，教师应该给学生足够的时间和空间去思考与活动，让学生有机会去畅谈体验和收获，表达困惑和喜悦，提出建议和见解。新课堂结尾除了要有灵活性、针对性、概括性、启发性，即"新、准、精、巧"四点外，更强调学生做了什么，获得了什么。

张建伟：对于物理、化学、生物等学科，可创造机会让学生课外多观察，多动手实验。对于作文课或试卷分析课，课堂结束时，教师要以真挚、信任、期待的语言激励学生。复习课需要对所学内容进行梳理，使之系统化，往往采用概括性结束语。对于课改中兴起的展示课，适合让学生进行才艺表演，既增加了学习的趣味性，又能培养学生的创造性，比较符合展示课的特点。

衡成荣：课堂教学的结尾也应"因课而异"、"因文而导"、"因班而异"。在实际教学中采取哪种结课方式，这要根据教学对象、教学内容来定。相对而言，语文学科总结全文、升华中心可能多一些，数学学科练习拓展可能多一些，英语学科情境练习可能多一些。但归根结底，课堂结尾要有助于学生对教学内容的理解与掌握，要与文本的内容、表达的情感融为一体。学生是课堂学习的主体，教师的一切教学行为应该为学生服务。在课堂结尾时，教师应立足引导，让学生来说、议、读、写，帮助学生总结学习内容，拓展延伸，巩固升华。

刘爱军：课堂收尾，必须坚持"学生主体"这个原则不动摇。那种由教师表演、学生旁观的结尾，即使再精彩，也一定是无效结尾，或是低效结尾。之所以有的老师会在课堂结尾部分唱独角戏，努力地表现自我，大肆营造一种所谓的华美，追求一种外表的排场，其实还是旧的思想观念、旧的课堂理念在作怪，没有真正地把课堂交给学生，也是对"有效教学"、"高效课堂"理解得不透彻，执行得不彻底。

"四有"让结尾更精彩

课堂不是舞台，学生不是道具，学案不是剧本，教学不是表演。结课不必一味地追求形式，刻意地去表演，不能为了收口而收口，应当给学生创设一种"教学已随时光去，思绪仍在课中游"的佳境。

梁恕俭："描龙画凤，难在点睛。"课堂结尾因重视不够、时间不足等，容易出现许多问题。这些问题是什么？应如何避免？

张建伟：心理学研究表明，学生的认知积极性呈波形状。临近下课，学生的注意力进入分散期，其兴奋中枢开始疲劳并转向课外，这就要求教师及时变换课堂活动方式，精心设计课堂结束语，激活学生新的兴奋点。

课堂不是舞台，学生不是道具，学案不是剧本，教学不是表演。结课不必一味地追求形式，刻意地去表演，不能为了收口而收口，应当给学生创设一种"教学已随时光去，思绪仍在课中游"的佳境。

吴再柱：应避免的问题，大体来说有五个方面。一是喧宾夺主。即完全由教师表演，或是由几名所谓的优秀学生作秀，没有面向全体，没有真正体现学生主体地位。二是哗众取宠。比如有的教师喜欢用一些空洞的名言警句，或是一组貌似恢宏的排比句，做华丽收场，使得课堂结尾趋于奢华与肤浅。三是拖泥带水。把课堂收口看成教学主要内容的简单重复，叙述语言不够简练，冗长拖沓，而且还力求面面俱到，没有主次之分。四是涛声依旧。不分课型，不扣目标，不问学情，完全用一种模式来收结，使得课堂收尾形式呆板。五是草率行事。备课时无计划，上课中不思考，到了课尾便沿用老一套，如"请大家各自把本节课学习内容梳理一下"，看似相信学生，实则不了了之。

肖学堂：新课堂收尾坚持四个"有"，就不会剑走偏锋，即"有生、有力、有理、有节"。"有生"最重要。课堂是学生的，课堂因学生而存在，无论哪个环节都必须看到学生参与的影子，而且是主动参与，切不可因为时间关系教师自己越俎代庖，这是"新课堂"最忌讳的。"有力"

指课堂结尾要有力，不能疲软，不能应付，不能散乱，不能花哨。"凤头豹尾"就是讲求开课大气雄浑，结课铿锵有力，首尾呼应，相得益彰。"有理"即结课要科学，避免随意性，东拉西扯、偏离主题、偏离内容、偏离学生实际的做法都是不科学的结课。"有节"指结课要注意时间，要自然，教师要做到"心中有丘壑"，合理规划，适度调控，科学引导，让最后的几分钟成为课堂的小高潮、小回忆、小风暴。

以生为本，"活实"相济

学情不同、内容不同、课型不同、科目不同，结课的方式也是千变万化的。不管怎么变，以生为本的课堂教学理念不能变，结课要敢于让学生结，让学生在课堂最后几分钟动起来。

梁恕俭：好的课堂结尾必须发挥学生的自主能动性，灵活多样，追求实效。一般说来，课堂结尾的方式有哪些？

张建伟：好的结尾形式不拘一格，但都注重学生的参与性。我概括为四种：（1）概括式结尾。这是最常用的一种结束方法。它是对知识进行梳理，意在让学生由博返约，纲举目张，牢固地掌握所学知识，用语必须简明扼要，力戒重复啰唆、拖泥带水，避免产生消极作用。（2）引用式结尾。引用名人名言或诗歌俗语等对全文进行收口，可以让学生对课文主题认识有情感的升华。（3）对比式结尾。对比相映就是在课堂教学结束之际，从内容、结构、语言等方面，有所侧重地将课文与以前学过的其他课文进行对比，同中求异，异中求同，从而加深对课文的理解。（4）访谈式结尾。课堂结束后，让"记者"采访一下学生，谈谈心得感想。

吴再柱：除此之外，还有三条。一是组织活动结尾，如讨论、辩论、竞猜、展示、畅想、游戏等方式，让学生在轻松愉快的氛围中巩固知识，增强学习信心。二是预留悬念结尾。抓住学生的好奇心理，"收"中寓"展"，设"悬"激"疑"，给学生一种意犹未尽的感觉，让学生对知识始终保持急切、渴求的心态。三是创设情境结尾。比如有位老师在教学"质数与合数"一节时，他的收尾就设计得颇有韵味，他让学生判断自己的学号数是质数还是合数，先走的学生要大声报出自己的学号数，让没有走的学生判断。学生在饶有趣味的游戏活动中，既巩固了知识，又享受了数学思维的快乐，可谓一举多得。

肖学堂：学情不同、内容不同、课型不同、科目不同，结课的方式也是千变万化的。不管怎么变，以生为本的课堂教学理念不能变，结课要敢于让学生结，让学生在课堂最后几分钟动起来。课堂结尾有三大境界：一是温故知新，曲径通幽，有柳暗花明、豁然开朗之感；二是耐人寻味，隽永蕴藉，有余音绕梁、更上一层之欲；三是波澜迭出，引人入胜，有磨羽砺翅、振翮欲飞之望。

刘爱军：总之，结尾形态要"活"，结尾效果要"实"；既要有学生的总结归纳，又要有教师的启迪引导，达到"学生动起来，课堂活起来，效果好起来"的目的。这个"活"即追求生命的多样性，教育内涵的丰富性；而"实"则是遵循学生的身心规律和学习规律。理想的结尾应该是"活"中有"实"，"实"中有"活"，"活"而不乱，"实"而不死，"实活"相济，和谐统一。

第五章
教学与管理创意盘点

在新课改全面实施的大背景下，教育者需要时常对常规中小学教学与管理持反思性态度，不断细化、优化工作流程；自足于"生"，服务于"学"，创新能够助学、创学，使学生乐学的好工具。

中小学教学管理如何质变

□王红顺

在新课改全面实施的大背景下，中小学教学与管理的内涵发生了质的变化，对课程体系建设、课程资源开发开始重视，对约定俗成、习以为常的"备、讲、辅、批、考、评、纠"等常规管理开始持理性反思的态度。实践告诉我们，管理者要改变思维模式，要学会系统思考，学会创造性、研究性地去工作，进一步细化、优化管理工作流程。近年来，河南省封丘实新学校顾问王红顺老师归纳、研究、探索出了影响教学质量因素的五大反思视角，并由此衍生出了诸多与中小学教学和管理有关的金点子、小窍门，或许能够对我们如何管理，如何教好学生有一些启发和思考。

应试是学生现在或将来人生中必须具备的一种特殊能力，我们要抓分数，但只要不片面抓分数就不为过。套用托尔斯泰的一句话：应试得心应手的教师有共同之处，应试成绩不理想的教师，各有各的不同原因。因此作为校长，要让每一个教师找出影响自己教学质量的关键因素，教师才能走出教学成绩徘徊不前或不如别人的怪圈。

教师从哪些角度梳理、思考影响教学质量的关键因素呢？笔者认为不妨从"趣、变、合、高、大、快、选、补、练、清"10 个角度作内部归因分析，也许能找到答案所在。

反思视角之一：趣

理念碰撞：学生喜欢你这个教师吗？学生喜欢你所教的学科吗？学生喜欢你的课堂吗？

思维引爆点：兴趣是最好的老师。国家督学李希贵的研究结论是，教师心目中的好教师标准与学生心目中的好教师，标准前十条差距很大，在小学生心目中，好教师标准排在前面的因素是公正、爱心、幽默、时尚……你在本班做一个调查，就会知道怎样才能做一个学生喜欢的优秀教师。亲其师，才能信其道；对学科感兴趣，学生才能发现其中的乐趣，产生志趣。

请你思考：怎样用自身的人格魅力去征服学生？通过哪些举措可以让学生获得对所教学科的持久兴趣？

反思视角之二：变

理念碰撞：你的教学流程显现出思维定式了吗？你考虑教学流程优化了吗？你考虑为达到目标而选择路径了吗？你的"备—讲—辅—批—考—评—纠"形成有效链条了吗？其中最大的短板是什么？

思维引爆点：多数教学效果不理想的教师都存在心理惰性，情愿在"思维舒适地带"重复地低效工作，也不愿突破心理禁区，去探索、实践新的教学模式，采用新的教学方法。刚开始使用新的模式、方法时，因流程不熟悉、操作不熟练，可能效果一时不能显现出来，甚至下滑，多数教师便半途而废。殊不知改革如学骑摩托车，当你没学会时，可能你觉得比步行还要慢，费力还不出成绩，想把摩托车扔掉，用脚步行！但当你熟练驾驶时，骑车的速度与步行是不可同日而语的！

从备与讲的关系看，教学效果不理想的教师多重视上课，往往忽视精心备课。试想若不重视备课，那上课不就是无源之水、无本之木嘛！

从讲与练的关系看，教学效果不太理想的教师多把握不住两者的度，要么自己讲得多，练得少，结果班级平均分不低，但就是没有拔尖的，遇到竞赛就名落孙山；要么自己讲得过少，不注意题型的归纳，知识的拓展和拔高，不注意学生做题方法的点拨、能力的提升，因而造成中等以下的学生学习吃力，期末测查成绩两极分化。请你思考，你是以讲为主的教师，还是以练为主的教师？前者应增加练的成分，后者应增加讲的成分。满堂灌应该摒弃，多讲多练也不科学，精讲巧练才是正途。

从练与考的关系看，共性的问题是练考不分。学生小测验时，遇到学生不会或易忽视的问题，轻的通过提示或强调关键词句"好心"提醒学生，重的竟然让学生停下来，在黑板上讲起来；没有时间观念，学生做完才收卷；平常对学生的卷面书写不作严格要求；学生随意使用演草纸……造成的后果是，真正的大型考试时，学生没有时间观念，试卷总是做不完；书写习惯没养成，学生书写涂抹现象比较严重；更可怕的是学生身边没有了"最亲近的学科教师"，缺少了"护身符"，缺少了关键的语言提示，不会独立思考、做题。况且教师还把多数错误归因为学生考场紧张，发挥不好。练习与考试的关系应该是：练习如考试，考试才能如练习。

请你思考：在你的教学实践中，考、评、纠三者关系有哪些值得反思的地方？

反思视角之三：合

理念碰撞：你与同学科教师之间真心合作了吗？你与本班不同学科教师之间真心合作了吗？你重视与家长合作了吗？你让学生制定阶段目标、学期、学年目标了吗？目标之间是怎么整合的？你的智力教学因素与非智力教学因素和谐共振了吗？你思考过学生的综合素养与考试分数之间的关系没有？你思考过学生课内与课外学科学习目标整合了没有？你尝试过让小组同做一份试卷或学生出题，互相同层次交换考试了没有？你指导学生画学科知识树了吗？你让学生找到了学习本学科的通用工具了吗？你注重学科思想、学科方法渗透了吗？

思维引爆点：从教师的角度看，从影响教学的非智力因素去思考，提升教学质量会开辟一个新的视野。不为分数，赢得分数。通过提升学生的综合素养来提升教学质量，以德促智，通过提升学生的品质、行为习惯促教学质量。课内抓合格，课外抓提高，培优与补差并重。班级学生认知的底线决定你讲课的起点，同时也决定了你讲课的高度、宽度、厚度。

方法举例：教师比较注重学生把书从薄读到厚，往往忽视让学生把书从厚读到薄。学生学的知识，多是孤零零的知识点，缺少融会贯通，不能连成知识线、知识面，构不成知识体。让学生尝试画单元、整本书、整个年级、整个学科的知识树，对学生同化、顺应建构知识是很有必要的。

反思视角之四：高、大、快

思维引爆点："高"指的是目标达标率要高，对学生的双级要求与训练要高，切记不是让你无限制地拔高知识的难度。"大"指的是课堂的容量要大，一支粉笔、两道例题就打发一节课的做法，是绝对不能容忍的！"快"指的是反馈要快，要趁热打铁。改卷不过天，评讲不过周，总结不过月。

反思视角之五：选、补、练、清

思维引爆点："选"指的是习题要精选。教师要下题海，让学生荡轻舟。题不在多，思透在灵。尽量不要用现成的试卷，要通过选、剪、粘组合试卷，要让试卷、练习有含金量。要出"过筛卷"，对学生存在的问题进行二次反馈、补救，学生过基本题型关一个也不能少。"练"要分层训练、分类达标。可采取套餐式或自助餐式布置作业。"补"指的是订正。不但要订正，还要让学生找出错题的原因，要让学生就同一类型的题巩固练习，让学生在考场上不犯同一类型的错误。"清"要坚持堂堂清、日日清、周周清、月月清。要思考清什么，怎么清，清了没有，没有清怎么办？

方法举例：关于订正作业，建议采取三步作业订正法：找出错题的原因，规范订正，要求学生再做一至两道同类型习题进行巩固。

布置作业，教师可以根据学生的成绩、思维类型和学习潜力为学生提供与之能力匹配的三类"套餐"——基础餐、提高餐、营养餐，让学生在自己最近发展区内"就餐"。

对作业可从三维进行评价：对基础知识和基本技能掌握情况的评价，对学生作业的思考过程、解题策略的评价，对学生作业态度的评价。

教学与管理的 44 个小创意

□ 王红顺

1. 动态黑板报

各班教室后面的学习板报，若除去报头、栏目设置、相关插图，文字内容只剩下几百个字，学生最多花十几分钟就可读完。然而黑板报多采用的是单周或双周更换一次，因更换速度缓慢，黑板报的作用就大打折扣。但如果更换速度过于频繁，又会增加师生的负担。如何解决这一两难问题？我的思路是采取"周大变、日小变，天天更新"的模式。"周大变"指的是每隔一周，无论插图、版式设计、栏目设置、主题、内容都要全面更新；"日小变"指的是在一期板报全面设计完毕后，本周内其他几天，插图、版式设计、栏目设置、主题基本保持不动，只更换相关的文字内容。这样既扩大了有效信息量，让学生对黑板报天天有新鲜感，又没有加重师生的负担。

2. 固定设置供学生使用的田字格、拼音格

观察低年级教室前面的黑板，会看到很多问题。在无效率、服务意识差的学校，教师上课时，在黑板上用直尺或三角板画田字格、拼音格，占用了大量教学时间；在有效率、服务意识强的学校，黑板左上角已提前设置了固定的田字格、拼音格，教师使用起来很方便。但是笔者发现了一个问题，在教汉字、拼音书写时，教师示范结束后，抽查学生掌握

情况时，因黑板上设置的固定的田字格、拼音格太高，低年级学生根本无法使用。建议在黑板右下角固定设置田字格、拼音格，便于小学生课堂练习使用。需要反思的是，我们为什么只考虑了利于教师的"教"而忽视了方便学生的"学"呢？

3. 作业绳套

现在许多学校多是大班额，批改作业成了教师的负担。若教师让学生把已批改过的作业用绳套套起来，教师一下子就可以翻到当天需要批改的地方，这样效率就可以大大提高。

4. 三步作业订正法

关于订正作业，建议采取三步作业订正法：找出错题的原因，如题目抄错、题意不清、概念混淆等；规范订正；要求学生再做一至两道同一类型的习题进行巩固。这样学生对错题，不但知其然而且知其所以然；同时加上巩固、强化，在今后考试中就可以少犯或不犯类似错误。

5. 理科作业保留思维痕迹

理科作业不妨让学生把作业一分为二，正式内容占三分之二，演草部分占三分之一。也就是说，对于需要考查学生思维过程的作业，可以让学生把正式作业与演草合二为一。这样，教师就可以凭借演草部分提供的信息，对学生的思维过程进行全面了解，针对出现的思维障碍，采取对症下药的有效措施。

6. 套餐式作业卡

教师必须根据学生的成绩、思维类型和学习潜力为其提供与之能力匹配的三类"套餐"——基础餐、提高餐、营养餐，让学生在自己的最近发展区内"就餐"，同时作业最大量（包括学生答题占用的页面）不准超过16开纸一页。这样逼迫教师不得不对习题反复筛选、优化，实现了布置作业从以往追求数量到现在追求质量的"质变"。另外"作业卡"的推出，节省了学生大量抄题的时间，大大提高了做作业的有效时间，避免了许多无效劳动。

7. 三维作业批改法

第一维度——对基础知识和基本技能掌握情况的评价。在中高年级尝试用画"正"字的方法，变等级符号为统计符号，对学生知识技能掌握情况进行统计评价。也就是说，全对的作业记"正"；有错的作业根据情况少记笔画，当学生把错题订正完毕后，可以把"正"字中缺少笔画补充完整。第二维度——对学生作业的思考过程、解题策略的评价。根据学生习题解答的过程，对学生的解题策略、思维能力进行评价，在"正"字的右下角，用"★"、"△"来反映学生解题思维的灵活性、创新性。"△"表示思维有创意，但没有完全做对，或方法正确但不简便；"★"表示思维方法独特，有创意。第三维度——对学生作业态度的评价。在"正"字的左上角用"↑"、"↓"，表示作业书写是否工整，格式是否符合要求，作业是否认真。

8. 累积式作业评价

翻阅小学生的作业本，可以发现多数学生刚开始时书写得规范，后来越写越差，到最后几页简直不成样子的现象。怎样解决这个问题？可以采取累积式作业评价。具体操作方法是：对学生作业，每天优秀的可以加盖一朵小红花印章，称之为"日评价"；教师可以依据班级实际，规定每周获得若干次小红花可以加盖一颗小五角星，称之为"周评价"；每周获得几颗小星可以加盖一面小红旗印章，称之为"月评价"，每月获得几面小红旗，可以加盖一枚小奖杯印章称之为"期评价"。此外还可根据学生的表现设置保持奖、进步奖、创新奖。

9. 班级作业协调员

因学科教师之间缺少必要的沟通，难免会出现各科作业累积总量某天过多或过少、"旱涝不均"的现象。为此可设"班级作业协调员"，专门负责与学科教师通报作业信息，反馈学生呼声，协调班级日作业量。

10. 交换作业书写日

每月设立交换作业书写日，让小学生用同伴的作业本做作业，这样，学生写作业的态度及作业正确率都会有明显提高。

11. 课外作业检查体系——免检、抽检、必检

具体讲，就是教师根据学生做作业的一贯表现，结合学生的申报情况，把学生作业分成免检、抽检、必检组。同时，分组又是动态的，不固定的。

12. 学生自己选择实验角

在进行理化生实验操作指导时，针对当前学生动手能力差异悬殊的现状，在教师进行演示实验后，可以将实验室划分为"完全独立操作"、"几人相互完成"、"需要老师手把手指导"等多个学习角，由学生根据自己的情况，分别选择不同区域进行实验操作。

13. 画学科知识树

学生学的知识，多是孤零零的知识点，缺少融会贯通，不能连成知识线、知识面。让学生尝试画单元、整本书、整个年级、整个学科的知识树，对学生同化、顺应建构知识是很有必要的。

14. 设立抽奖作业

为了调动学生学习的积极性，可在教室醒目的地方放置两个神秘的箱子，教师当着学生的面有选择性地在箱子里面分别投入一些提高题、奥赛题，同时要求，只有作业全部完成的学生或课堂表现突出的学生，

才有资格在第一个箱子里面抽一道题，并且要保证不能让其他学生看到。若自己独立钻研出来后，可以再来抽题，否则资格自动取消，若连续攻破三关后，才有资格在第二个箱子里面抽题……通过这种形式的包装，教师让学生把做题变成了一种乐趣，学生的内驱力开始发挥作用，这时，学生的学习不是教师逼着学，而是发自内心的"我要学"。

15. 带有研究性质的教案设计

笔者的思路是：教案可分三大部分。一是学情分析及三维目标确立；二是教学流程，包括知识点、教法设计（包括情境链的创设、主问题的设计、学生活动可能出现情况的预设、作业的优化设计）、学法设计（学生活动链条的构建、学生参与的状态等），这样设计的理论依据（教师可以从教育学、心理学、新课改相关理念、课标要求等角度解释为什么这样设计）；三是课后自我反思。这种研究性教案，附加有自我说课的成分，是一种在理论指导下的高水平备课。

关键环节的核心提示：

教法设计。依据自身素质、知识内容、教学环节等对教学方案的预设，也就是教师自身对学生指导、引导的方案。教师首先要确定三维目标和教学方法。教师可选用讲授法、实验法、讨论法、练习法，也可选用目标教学法、情境教学法、愉快教学法，还可采用自主学习、合作学习、探究学习等。确定教学方法后，再把环节、步骤流程梳理出来。

教法设计中情境链的创设、主问题的设计、学生活动可能出现情况的预设、作业的优化设计、课堂小结必不可少。

学法设计：对学生课堂活动的预设，也就是学生先干什么、再干什么的具体安排。如理化教学教师实验演示时，学生观察什么、记录什么等要考虑周详。教法与学法是配套同步的，在处理知识点时要明确教师干什么、学生干什么。

课后反思（课后札记）：有感而发，可长可短，贵在为今后教学提供借鉴。可以概括为以下六个方面：反思课堂教学对新课程理念的诠释与把握是否准确、是否存在误区；反思课堂中教学情境的创设、问题情境的设计是否有趣味性、挑战性，能否激发学生学习、探究的欲望；反思学生的课堂发言（课堂表现）或解题方法、结果的生成与教师的点拨和引导是否合理有效，特别是对突发问题的处理是否机智；反思教学方法是否合理、得当，能否充分调动学生学习的积极性和主动性，是否有利于学生知识的掌握和能力的发展；反思对学生的学法指导是否有效，能否促进学生的可持续发展；反思师生情感交流方式是否体现以人为本，以学生的发展为本，是否体现以学为主的新课程的精神。

16. 描红式课后备课

备课可分为课前、课中、课后备课。对于如何进行课后备课，教师经常感到迷茫。描红式的课后备课指的是教师在课后根据自己课前预设及课堂临时生成的情况，结合课后反思，在原教案的各部分空白处用比较突出的红笔对教案进行修改、完善。实践证明，描红式的课后备课对教师积累教学经验，提升业务素质是一条有效途径。

17. 购买教师教案的知识产权

撰写一份高质量的教案，教师要付出大量的心血。年轻教师参照优秀教师的教案，对全面把握教材、有效利用课程资源具有事半功倍的作用。学校要购买特级教师、优秀教师教案的知识产权，根据同行借阅的人数、次数，付给一定的报酬。这样优秀教师感觉自己的劳动得到了尊重，同时也有一份成就感。

18. 活页教案

传统"教案模式"的改革势在必行，为了集思广益，资源共享，减轻教师备课负担，提高备课效率，可采取"我为别人，别人为我"的撰写活页教案的方式。

该教案模式分三部分：前面是学情分析，中间是活动流程，后面是课后追记。中间主体部分的活动流程又可分为两部分：信息台（资料显示屏＋教学设计 ABC，我们称之为菜单栏）、导航台（教师的教学行为＋学生的学习行为，我们称之为方案栏）。

菜单栏也就是信息台部分由教研组合作完成。教研组将教材内容按备课任务大小合理分解，落实到教师，教师搜集整理所承担专题内容，打印交换，完成备课的素材库建设。其余部分由教师本人独立完成。每一位教师都要从自己和本班学生的实际出发，从教学环节的设计、教学情境的创设、教学媒体的选择、教学效果的监测等方面重构活动方案，完成教师的教学行为和学生的学习行为预设方案。素材库提供的素材，教师可圈、点、画、批、注，可选择取舍、调整、补充、修改等。同样的素材，因取舍不同，可设计出不同风格的活动过程。课后追记一般从以下几方面入手：整堂回顾，佳处回味，败笔探究，作业反馈，教案修改，补救措施，资料补充等，教师应在课后及时完成。这种教案既充满集体智慧，又体现个人风格，与新课改提出的教案设计要考虑教学个性化和动态生成性的要求相吻合。

19. 让教师参与到备课管理中来

备课管理是课改管理的"瓶颈"之一，笔者在基层学校调研时发现，教案检查还未突破禁区，检查教案还只是领导的特权。多数教师认为"开明"的检查是领导的恩赐！

笔者认为学校的备课管理也要实施相应的改革，各学校要积极鼓励一线教师参与到备课管理中来。教师互查备课，找同事教学中的特点、优点、改革点，每人写"观备课一得"，像这种"交互式、激励式、开放式"的备课评价法就值得提倡。这种教案的检查过程，变成了教师学习同行先进经验、分享同行创造成果、激发自己创造潜能的过程。

20. 变固定时间检查教案为随机抽查教案

针对教师课前抄教案，课堂上用不上，课后补教案，应付检查的现实，笔者建议变固定时间检查教案为随机抽查教案。具体方法如下：当天值日教师、值日领导，分别随机抽查两个教师的教案，并在教案上签字，注明该教案与所教的内容是否相符及相应的等级。为了避免领导既当运动员，又当裁判员，如果当天学校领导成员有课，应主动让值日教师检查，否则按无教案论处。

21. 举手的变革

小学生的举手方式是一种固定的姿势——举起右手，教师仅从学生举手情况获得信息实在单调。若把学生举手方式分别赋予一定信息，并且规定统一的姿势，就可以焕发出新的生机。

比如教师出示一道选择题，该题有 A、B、C、D 四个选项，教师不妨规定学生用拇指、食指、无名指、小拇指分别代表选择 A、B、C、D 四个选项。这样，教师就可判断出分别选 A、B、C、D 选项的学生及人数，使教师提问更具有针对性，同时还避免了原来随意提问时回答类同的情况，大大提高了课堂效率。

这一改进，使教师对学生情况的判断突破了以往仅凭教学经验估计的历史，实现了定性向定量的转变。对于判断题，若认为正确的，让学生伸出右手的大拇指、食指，成"对号"状；若认为错误的，让学生伸出左、右手的食指，并成交叉状。同样，发表对某个问题的看法时，也可采取类似的方法。若对答案胸有成竹时，可以把手举得高一些；还有疑惑正在思考时，可以把手举得低一些；急于发言时，手可以上下快速移动，但不能发出声音，并且不能离开座位。这样就可避免不必要的争吵，避免课堂乱哄哄或失控状态。教师还可以规定，若提出的问题与本节课内容有关，可以举右手，若与本节课无关（比如需要上厕所、头疼、肚子疼、同桌发生矛盾等），可以举左手。当然为了不伤害到潜能生的自尊心，教师也可以与潜能生约定特殊的手势，使潜能生在同伴面前有一定的面子。

22. 课堂信息反馈牌

让学生纸制一个小四面体当做课堂信息反馈牌。除底面外，剩余的3个面分别涂上红、黄、绿颜色。红色代表没有搞懂，急需教师辅导；黄色代表半懂不懂，似是而非；绿色代表全部明白，不需要教师做任何提示。当学生自学或教师答疑暂告段落时，观察学生出示的信息反馈牌，对学生的情况就可以了如指掌，同时又保护了潜能生的自尊心。

23. "3+1" 评课法

听课、评课是校本教研的有效形式，同伴互助是校本教研的重要环节。笔者在调研时发现了一个共性问题：多数教师缺少活动的参与意识，缺少质疑课堂教学的意识，把自己仅仅作为一个活动的旁听者、看客。表现在事先不知道听课的内容、执教的方案、研究的专题等，听课时，不会运用分析、观察、访谈、调查等手段，不知道从师生互动的情况、教学时间的分配、教学效度的达成情况、学生思维的变化、学习方式的转变等方面进行观察、记录。更为可笑的是，听课结束进入座谈阶段时，同行对执教教师课堂表现评价出现许多怪现象：一是讲优点的多，讲缺点的少，浅层次谈的多，深层次谈的少，不利于课后教师的自我反思；

二是重复别人的观点多，讲出的新意少；三是从开始到结束，当"哑巴"的多，发言的少。

为了避免这种情况发生，笔者建议各校教研组可采取"3＋1"评课法。即讲同行一个优点的同时说出他的三个缺点、不足、建议，或自己的三个困惑，并且要求座谈教师人人发言，且不能重复。

这种"3＋1"评课法，能够使教师全身心投入到案例研究的过程中，使所有听课教师不再当听众，从而加强了教师参与案例研究的效度，使教师在研究过程中明确案例研究的方向，有利于他们产生疑问，获得体验和感受，获得解决问题的方法和策略，有利于教师反思自己的教学，吸取他人的成功经验，弥补自己的教学不足，促进教师的专业化成长。

24. 同题反思

自我反思是教师针对同一话题，选择自己感兴趣的问题、角度，进行个性反思。而同题反思则是要求教师针对学校规定的同一问题，进行全校性的集体反思。交流时，教师可以判断出自己反思在同行中所处的层次，可以判断出自己反思的是问题的表象，还是问题的实质；同时还可以使教师从多角度、多层面对该问题进行把握。

25. 二次反思

教师上课或听课结束，在没有与同行交流，没有专家引领的情况下，所做的反思，我们称谓初步反思、浅层次反思。我们看到的情况是：有的教师反思方向不明确、内容不具体，他的反思只是有一个简单的思考点；有的教师反思点找到了，却不知道如何结合相应理论深入反思，即不会反思；有的教师用错误的理论来分析自己的教学实践导致错误反思；有的教师的分析始终没有质的突破，是一种浅层次的重复反思。议课结束后，因为有了同伴的互助，有了专家的高度引领，教师对某一现象、问题会产生新的看法，会对自己以前的认识加以修正，还会对解决问题的另一种方式、方法感兴趣，这时趁热打铁让教师重新进行反思，我们称之为二次反思、实质反思。教师若坚持写这样的反思，三年以后，必能成为"学生欢迎、自我幸福"的教师。

26. 个性化、适用化的观课、议课记录本

观课记录本由三部分组成：一是预设的听课目标：自己有什么困惑（单项的或综合的），想验证、学习、发现、比较什么，想得到什么数据。二是课堂观课日志——（1）观课角度的选择（是观察学生、观察教师，还是同时观察；是单项观察还是综合观察……根据自己的实际需要确定自己听课的重点）。（2）课堂纪要：教学流程、教学典型环节、片断、细节的记录、关键环节的点评等。（3）观课心得：上课教师是怎样处理的，自己的看法、建议或者对自己的教学有什么启发。三是对执教人所观察角度方面的评价：用事实说话、用理论概括。对执教教师上课情况进行客观公正的评价，优缺点并重。

议课记录本也由三部分组成：一是议课的交流提纲（自己的第一次反思）；二是发言摘要：执教教师谈体会、观课人员"3+1"议课的发言摘要、专业引领内容；三是个人议课后的感受和体会（二次反思）。

27. "听课—说课—评课"校本教研模式操作要领

该模式由三个环节构成：听课前：各年级组调查该学科现在急需解决什么问题，教研组汇总出共性问题；根据轻重缓急确定每次活动要解决的问题；确定主讲人；将主讲人的教案及设计理念提前印发给每位参加研讨的教师；参加听课活动的所有教师也要对这一问题进行提前备课；每位教师要确定自己听课时观察的对象、要点、目的甚至要列出听课提纲；教研组要提前做好活动的所有准备工作。听课中：首先要解决听什

么的问题，重点是：听课教师按规范完成听课记录；对自己确立的与听课目的有关项目进行详细观察、记录；确定自己评课时的发言提纲，如有必要撰写书面发言材料。听课后：由负责人组织评课，主讲教师进行课后说课；听课教师进行"3＋1"评课，即举一个优点同时要说出三个缺点、不足或改进的地方；要做好评课发言记录；听课教师修改完善各自的教案；抽签进行二次上课；活动结束后，每位教师要写出本次活动的专题反思。

28. 教学问题招投标制度

教育、教学问题从教师中来，从真实的教育教学生活中来。也就是说，提出的问题是教师普遍认同并且急需解决的"真"问题。把问题变为课题，通过招投标制度解决。学校一方面把这些问题上升为挂牌征集课题，一方面把学校所提供的配套措施、优惠条件等如实向全体教师公布。教师可以以个人或研究小组的名义参加课题招投标；中标的个人或研究小组与学校签订相关协议；个人或研究小组独立开展课题研究工作；课题的结题不仅仅看撰写的结题报告，更重要的是有没有解决学校的实际问题，所提出的方法、措施教师认可的程度。这种校本教研不是中看不中用的"塑料花式"教研，而是科研成果快速转化为一线教师服气的、管用的真教研。

29. 借分

借分是学生考试没有达到及格、良好或优秀的分数，或者是没有达到家长期望的分数，学生可以向教师提出借分，但前提条件是下次必须加倍返还。

30. 潜能分

受某些教师大型考试"借分"的启迪，我们学校推出了为所有的潜能生打潜能分的制度。大型考试教师批改试卷，潜能生的试卷上必须打两个分数，一个是实际分，一个是潜能分。潜能分是教师与潜能生共同分析试卷后，从如果改变学习习惯、学习方法、学习态度后，可以达到的分数，但潜能生必须找教师或好友做担保。实践证明，"皮格马利翁效应"对潜能生转化起到了意想不到的作用。

31. 区间分

我们尝试给优等生和潜能生打区间分也收到了明显的效果。下面看一个例子，某一个优等生的卷面分为 95 分，教师找该生谈话时指出，你要反思自己的 95 分是怎么得来的。引导学生回忆试卷中的某类型题，学生作业上出了错，由于认真订正，这次才没有犯同样的错误，这 5 分是因为你有认真订正作业的好习惯得来的；引导学生思考因为有做完题认真检查的习惯、有不懂就问的习惯等所得到的分数，最后该学科的教师为该生打的区间分为 80—95 分。分析试卷的主要目的是不让优等生骄傲，同时让他们懂得学习习惯的重要性，懂得没有这些好习惯，就没有这样的好分数，让他们发自内心地主动养成学习的好习惯。

再看一个例子，某一个潜能生的卷面分为 67 分，教师找该生谈话时指出，你不要气馁，我对你的试卷进行了全面的分析，发现你有很多试题的分数是能够拿到的：这道题若不是你粗心，计算错误，这 6 分是可以拿到的。类似的例子可以多找一些，让学生感到我很有潜力，若改正了，我也可以拿到理想的分数。在此基础上，该学科的教师为该生打的区间分为 67—79 分。分析试卷的主要目的是不让潜能生灰心丧气，让他们振奋精神，克服不良习惯，以饱满的热情投入到今后的学习中。找学生谈话、给学生打区间分，把高分分析成低分，还是低分分析成高分，是很有讲究的！

32. "1＋1"平均分

这是专门为开展"学习帮扶活动"而设的。根据帮扶者和被帮扶者的情况，教师把优等生和潜能生划分成若干小组，考试结束后，把帮扶者和被帮扶者分数加到一块，算出平均分，依据平均分进步幅度的大小进行奖励，获奖的小组我们称之为"对对红小组"。

33. 在学生的最近发展区内开展学习竞赛

依据学生的编班成绩，将学生分成若干类别，比如，80分以上的为A组，70—80分的为B组，60—70分的为C组，60分以下的为D组。再将同一组的学生根据分数高低排出组内名次来。让成绩差别不大的同一组别的学生开展学习竞赛，期中或期末考试后，根据学生名次进步幅度的大小，进行奖励。可以设保持奖、进步奖。对于跨类别的学生，比如从D类跃迁到B类，可以重奖。这样在学生的最近发展区内开展学习竞赛，必将形成"先进更先进，后进赶先进，你追我赶"的良性互动局面。

34. 考评教师教学效果的另类思考

传统及格率、优秀率的计算方法分别是：及格率＝本班60分以上的人数/全班学生数；优秀率＝本班80分以上的人数/全班学生数（注：规定的及格线为60分，优秀线为80分）。

动态及格率、动态优秀率的计算方法是：

动态及格率＝本班在全年级中名次排在前80％以上的人数/全班学生数；动态优秀率＝本班在全年级中名次排在前25％以上的人数/全班学生数（注：及格线、优秀线是动态的，每次考试名次排在年级前80％、25％的最后一名学生的分数就是及格线、优秀线；规定年级多少学生及格、优秀的比例是学校自己划定的）。

另外学科及格、优秀有效率的计算方法是：学科及格有效率＝本学科与全科及格重合的人数/该学科及格的人数；学科优秀有效率＝本学科与全科优秀重合的人数/该学科优秀的人数。

如果将某一次教学质量检测后统计得出的一定范围内（全镇或全年级）的同一级部、同一学科的群体平均成绩确定为参照点，那么某一班级某一学科的平均成绩与群体平均成绩的比值则定名为"平均分发展率"，平均分发展率差就是同一个班科在本次教学质量检测中所测得的平均分发展率和前一次教学质量检测所测得的平均分发展率之差。用这个差值作为其中的一个指标来估算教师教学效能的净增值。

同理，前后两次动态及格率、动态优秀率、学科及格有效率、学科优秀有效率之差就分别是动态及格率的增长率、动态优秀率的增长率、学科优秀有效率的增长率、学科及格有效率的增长率。

采取本次考试五个指标——动态及格率、动态优秀率、平均分发展率、学科及格有效率、学科优秀有效率再加上与上次考试比较所得的五个指标——动态及格率的增长率、动态优秀率的增长率、平均分发展率差、学科优秀有效率的增长率、学科及格有效率的增长率赋予不同的权重，通过算总积分的方法来考评教师教学成绩的。其中后五项指标所占权重远远大于前三项。

首先，采用动态及格率、动态优秀率就巧妙解决了考评中的一个尴尬问题，比如由于试题的原因，假如出现了两个平行班同一学科的及格率均为100％，优秀率均为0，按传统的考评方法就很难公平分出优劣来。但采取动态及格率、动态优秀率这种评估方法，就避免了这个问题。

其次，采用学科及格、优秀有效率这两个指标，就避免了教师"各扫门前雪"、各自为战带来的不沟通、不合作的现象，同时也避免了人为造成的学生偏科、教师互相争时间的问题。

再次，设立过程增值相关指标来评价教师教学成绩，体现了认同差异、以发展的标尺评价教师的原则，解决了分班时各班起点不同的问题，使每一个教师真正能站在同一起跑线上公平竞争，点燃了每个教师的教学激情。

最后，纵横双向结合评价体系的特点是：纵向评价解决的是提高的问题，横向评价解决的是发展的问题，纵向考查绝对发展增量，横向考查相对发展增量。

总之，这种立体的评价体系，以其特有的合理性、相对的公平性以及较强的操作性得到了广大一线教师和教学管理者的认可。受增值评价思想启发的该方法，其积极价值就在于它能够真正转化成一种激活教师工作内源，促进教师在原有的基础上不断地争取更好助推师生和学校持续协调发展的动力机制，有益于学校整体教学效益的提升。需要说明的是，该评价体系在计算机帮助下，运算并不复杂。年级不同、考试性质不同，选取的指标也应不同。

35. 这种合作学习你用过吗

我们研究探索出了一种新的合作学习的形式。为了便于理解，以实际的例子加以说明。第一步：教师把全班 48 名学生分成 8 个学习小组，由 A 组到 H 组，每组 6 人，然后，给各组布置相同的 6 个问题。每个小组都承担对上述 6 个问题的研究，每个问题分别由小组中的一个人承担，A 组承担第一个问题的同学简称 A1，承担第二个问题的同学简称 A2，以此类推。现在按承担的问题分为 6 个新的组，即 A1、B1、C1……H1 为一组，A2、B2、C2……H2 为一组，等等。每一组都是承担同一个问题的学生，因此可称为"专家组"，可得 6 个"专家组"，每组 8 名学生。

教师把事先准备好的资料发给每个"专家组"。资料中包括图片、文章、图表、模型，等等。

第二步：进行"专家组"研究。每个"专家组"用阅读材料、观察图片、操作模型的方式讨论所承担的问题，采取"自由发言"方式，可以争论，最后就问题的解决达成一致的意见，个别不同意见的学生也可保留意见。教师在各组间巡视，可以用"问题"来提示，但不可直接给出自己的答案。当每个"专家组"都就自己的问题做出解答后，进入第三步。

第三步："专家"讲解，小组讨论。"专家组"成员各自返回原来的小组，即又回到原来的组 A、B、C……8 个小组。由每个问题的"专家"给其他同学讲解自己承担的问题的答案，同时也指出个别同学的保留意见。6 人讲述完后可以在小组内讨论，对每个问题形成本小组的解答，答案可以与"专家组"的一样或稍有差别，也可以不一样。

第四步：小组汇报。各小组汇报自己的学习成果，每个小组汇报一个问题（因时间有限只能如此），别的小组可谈谈与这个小组不同的意见，小组内由非问题的"专家"汇报。

36. 让学生练一手好字也有窍门

有些学校有练字课，教师不加详细指导，仅让学生把本课的生字抄到中字本上；有些学校有专门的写字指导课，教师对学生写字进行详细、规范的指导，但遗憾的是学生练的字缺少系统性，起不到累积效应。我们的做法是，从小学生需要认识的 3500 个汉字中，按 5％的比例并结合低年级语文教材高频率出现的字，筛选出 175 个有代表性的汉字（代表性体现在有各种结构的字），再按年级进行分解，教师每天指导学生练这些规定的汉字，这样学生在大脑中就容易形成这些字在通用格中的影像，今后在书写这些汉字时，能形成条件反射。一看见这些字，就不假思索地笔笔到位。遇到类似的字，学生可以类比推理完成。我们把这种方法称为科学练字。从让学生写字到有指导地练字，再到科学系统地练字，是写字教学的三级跳。

37. 激励性评价的创新

笔者认为：一味单调赏识学生，会让学生产生"赞美疲劳"。机械的、形式的、表面的课堂掌声，只是一种虚假的课堂繁荣，靠老师指令维系的掌声，鼓不出内心的真诚，又怎能打动人心？

对小学生的激励性评价可以这样创新：对小学生在课堂内外出色的表现，除了鼓掌、发小红花、贴小五角星外，下面的方法也颇受学生喜爱：减少作业量，或免做作业一次；发一支彩色粉笔；教师抱一下；坐教师座位；排队站在最前面；第一个进餐厅；拿班级钥匙一周；上主席台领操；一次选择晚上班级看电视频道和节目；在游戏中做首领；换座位；随时可用转笔刀；选择一个故事，让教师讲给大家听；对犯的小错误，免罚一次；老师满足一次你最想做的事；给父母打电话、发短信报喜等等。

激励性评价还可以这样拓展：把平常做好事的同学的名字投入好事箱，在规定时间内抽奖；发奖励券：奖励可以积累，达到一定量后，兑换奖品；奖励全班自由支配时间：规定做某事时间，若班级节省，积累，若浪费，扣去，积累到一定时间后兑现；智慧盒里抽取智力题作答：只有表现好的学生才有机会抽取，变教师被动让学生学习，为学生心甘情愿自己主动学习；储蓄道德货币等。

总之，对小学生的奖励应遵循如下的原则：符合学生最近利益；学生稍加努力就可以达到；自我激励；不限制指标；办法简捷易操作；形成系列；奖励时间从短到长；奖励的标准逐步提高；及时兑现，不骗孩子。

教师在对学生评价时，要坚持"说你行，你就行，不行也行"的积极心理暗示原则；用描述式表扬取代评价式表扬；用努力取向的表扬取代能力取向的表扬。

38. 高效合作学习实践操作要领

要做到真正高效的合作学习，应注意以下 10 个方面：（1）合作学习必须建立在独立思考、自主学习的基础上。（2）合作学习必须给予充足时间；合作学习的内容必须科学选择，并不是所有内容都适合或需要合作学习。（3）合作学习形式有同桌合作、小组合作、多组合作、集体合作等，虽各有利弊，但笔者认为同桌合作学习效率最高；若采用小组合作，分组时应采用"小组同质、组内异质"分组方法，同时建立真正的合作小组。（4）尽量让小组成员之间地位平等，避免那些能说会道的学生成为与教师对话的贵族，使那些潜能生沦落为与师生对话的奴隶；避免潜能生成为活动的"看客"，游离于活动之外；小组汇报时尽量采用小组成员轮流发言或采取激励措施，鼓励潜能生发言。（5）对于那些小组合作讨论时不说，为了逞能或满足表现欲在教师提问时，才急于举手发言的学生，应暂时"剥夺他们的发言权"，让他们体会到小组合作讨论时不说，现在才说，没有机会了。（6）学生合作学习时，教师应当好"合作学习的巡视员"，要有目的、有计划地对不同层次小组进行代表性巡视，对游离于合作学习之外的学生给予善意提醒，同时注意尽量搜集有价值信息，为后面点拨奠定基础；教师应当好"合作学习的首席顾问"，积极参与到小组讨论中，同时对小组合作学习遇到棘手问题或陷入困境时指点迷津；教师要引导学生严格遵守小组规章，学会尊重别人，学会倾听、学会表达。（7）小组合作学习时要设立"噪音控制员"，避免小组之间互相干扰；讨论声音应控制在本组同学能听清的范围。（8）不妨让一至两组学生在黑板前面合作讨论，随即把讨论结论书写到黑板上，避免讨论结束后再上黑板书写占用时间的弊端。（9）小组之间汇报结束后，教师要陈述自己的观点；教师一定要对活动时产生的多元答案进行评说，正确处理"答案多元化"和"答案优化"的关系；教师一定要对活动时产生的"多元解读"进行引导、评判，对那些误读、曲读要理直气壮地给予否定，对那些因年龄原因的浅读要给予提升；对学生感悟不到的地方，应给予阐述、应给予精神引领。（10）对全体学生进行新的学习方式如自主学习、合作学习、探究性学习的培训；对小组、学生个人在合作学习中的表现要给予评定、考核。

关键环节的核心提示：合作学习内容的选择。比如：（1）一个人独立完不成，必须小组合作进行观察、实验、活动；（2）同一性质多项内容或同一问题的多个侧面，为了节省时间，为了资源共享，可以采取分工协作形式；（3）当问题可能有多元答案、多元解读时；（4）对某个答案、观点有质疑争论时；（5）面对新问题、新情况束手无策时；（6）问题解决需要创新思维时等。

不需要合作学习情况：书上有现成的答案的；答案简单的、唯一的；学生自主就能完成的；学生合作也不能解决的。

39. 研究性学习实践操作要领

研究性学习基本流程：（1）创设情境，引出要探究的问题；（2）建立组间同质、组内异质的高效合作小组，小组成员有明确的分工；（3）提出相关假设；（4）初步设计验证程序、方法、步骤；论证、修改达到可集体操作实施方案；（5）分工、协作实施方案；（6）对实验数据进行分析处理；（7）归纳出研究结论；（8）组织小组交流、讨论；（9）教师进行总结性发言；（10）对研究性学习情况进行指导、评价。需要说明的是，上述步骤可根据实际情况进行简化合并处理。

关键环节的核心提示：教师应明白，并不是所有的内容都适合研究性学习；并不是节节课都要进行研究性学习，研究性学习内容要科学、合理地加以慎重选择；学生探究也必须控制在学生"知识最近发展区"内，不能让学生盲目无头绪地低效探究；学生进行探究性学习前，教师要适当渗透一些研究方法技巧；探究性学习可以和接受性学习结合起来使用。教师要当好研究性学习的"巡视员"、"协调员"。

根据学生的年龄特征和探究内容的不同，探究可以划分为四种类型：（1）告诉学生问题、探究方法但不告诉结果，即给学生提供将要研究的问题、解决问题所需要的材料和方法，但不提供预期结果和如何使用方法，要求学生根据自己搜集到的资料进行概括，灵活运用所给出的方法发现联系，找出问题的答案。（2）告诉学生问题、结果但不告诉解决问题所需要的方法，要求学生找出解决问题的方法，并在问题和解决问题所形成的结果之间建立合乎逻辑或情理的联系。（3）告诉学生问题但不告诉解决问题的方法和解决问题所能得出的结果，有时也提供材料，但是学生必须自己对收集的数据进行概括，弄清如何回答所探究的问题。（4）只提供情境场，问题需要学生提出，方法需要学生探究，结论需要学生总结，即属于全开放性研究性学习：提出问题—确定探究方向—组织探究—搜集并整理资料—得出结论—采取行动。

40. "导学—自学—答疑"自主学习模式操作要领

该模式是在吸取目标教学法和尝试教学法双重优点的基础上，加上借鉴自主学习、合作学习理念的背景下，优化整合而产生的。它的基本流程为：（1）创设情境，引出话题，从话题提炼出要探究的问题；（2）教师出示导学目标和导学提纲（高年级，可尝试由学生完成）；（3）学生围绕导学目标和导学提纲进行自主学习；（4）对自主学习过程中发现问题、存在困惑或解决不了问题，进行同桌合作或小组合作；（5）对各小组汇总解决不了的问题，教师重点答疑；（6）对表面看学生已解决的问题，进行深层次的质疑，便于对知识的同化和顺应，便于对三维目标的落实进行整合和提升；（7）进行反馈检测或拓展延伸。

41. 巡课

校长、教导主任不可能每天对任课教师的课全听一遍，但校长、教导主任应坚持巡课。巡课，顾名思义就是巡查教师上课情况，处理突发事件。对由于上课教师情绪失控，长时间批评全体学生的现象，给予善意的提醒；对教师体罚学生的现象，予以制止，对师生发生的重大矛盾，妥善处理。笔者认为课堂教学环节大致相同，校长、教导主任通过巡视，根据时间可以大致判断教师程序设计是否合理；巡课还有一个最大的好处是，便于观察教师的教学素质和教学艺术的真实状态。巡课原则上应在窗外进行，不能干扰正常的教学秩序。

42. 变课后补课为课前补课

放学后，总有教师习惯留一些差生补课。当着全体学生的面，教师毫无顾忌地把差生留下来，实在不妥：一是差生很没有面子；二是给差生了一个负面的自我暗示，"我是差生，我学不会，我需要补课"；三是差生看到同伴高高兴兴回家了，自己还得留下来补课，心不甘、情不愿。也就是说，补课是"教师逼学生学"，而不是学生发自内心地我要学"。因而补课时学生与教师"斗智斗勇"司空见惯：有的学生是"身在曹营心在汉"；有的学生是与教师打"持久战"，"反正你总得让我回家吃饭、睡觉"，熬到点就回家。课后补课多数情况是越补越差，越差越补，出现了恶性循环。同时学生也患上了"补课综合征"、"谈补色变"。鉴于此，笔者提出变课后补课为课前补课，科学的说法应为课前师生共同备课。

相关理念、操作方法概述如下：放学后当着全体学生的面，以到办公室有重要的事为理由留下一部分学生（主要是差生也包括一部分中等生），不要让留下的学生一开始就产生负面的心理暗示。召集同学到办公室后诚恳地对同学们说："老师为了准备明天的课，需要同学们帮助我看看哪些设计不合理，哪些我讲得不清楚?"旨在让学生产生一种"我在帮教师备课而不是教师又逼我补课"的积极心态。试想：通过课前补课，教师对这些学生的"学情"已心中有数，再加上这些学生课前已听了一遍，课堂上二次消化后，哪有还不会之理! 学生听懂了就想学，想学就能学会，这样就进入了良性循环——越补差生越少，越补越不需要补、越补学生越自信。

43. 英语单词游戏卡（英语扑克）

中小学生学英语最头疼的是记英语单词。笔者发明的英语扑克，能使学生在游戏中轻轻松松、开开心心地把单词记住，实现了"英语单词记忆的革命"。方法概述：（1）制作英语单词游戏卡（英语扑克）。在卡片背面书写单词的意思，在正面书写英语单词，同时可以附加一些相关内容。如用一定符号表示该单词所在章节、音节的个数，图片等，利用美术知识，可以对游戏卡的正反面进行一定的装饰、美化，有条件的把卡片过塑更好。为了推进这项工作，学校可以开展制作英语扑克大赛。（2）英语扑克的使用说明。英语扑克的玩法有多种。以"跑得快"玩法为例：洗牌——把一套完整的扑克牌来回洗几次。起牌——四个人依次起牌。发牌——通过"锤、剪、布"决定谁先出牌。第一个人若出了一张牌，可以意思朝上，也可以英语单词朝上。顺时针邻近的人应快速说出该张牌覆盖那面的内容（也就是说，给意思，说单词；给单词，说意思），若说正确的，他出牌，让下一个说，依次进行。若说不完整或不会说，不许出牌，轮下一个。游戏的规则是，谁先把手中的牌出完，谁为优胜者。借鉴这种设计理念，我们还可以设计出生字、拼音、音标游戏卡。

44. 玩"三角"学数学

受学生课外喜爱玩纸制"三角"游戏和收集动画片卡通人物的启发，我们在小学低年级学生中开展了玩"三角"学数学的尝试。（1）制作"数学三角"：让小学低年级学生在卡通画的背面，依次写上 1 至 20 的数字，因数字可以重复，每个学生手持"数学三角"若干。（2）规定玩的方法：加、减、乘、除，皆可。（3）双方对垒：通过"锤、剪、布"决定谁是庄家（擂主）。（4）挑战开始：双方各出一张卡片，擂主按事先的约定先口算，若擂主口算正确，对方的卡片归擂主所有，依次类推，直到擂主算错为止，再由另一方坐庄（当擂主），如上述方法循环进行。该游戏因符合小学生年龄、心理特征，真正体现了"让孩子在玩中学数学"的理念。

为什么要开发学具

　　学具——新课堂的助推器。科学有效地使用学具，不仅能调动学生学习的积极性，激发学生的探究欲望，而且能使抽象的知识变得直观形象，利于学生更好地理解和掌握。然而，在新课改理念下，从教具到学具，经历了怎样的嬗变，其背后的主导思想是什么？学具谁来制作，如何使用？

对话嘉宾
王红顺　河南省郑州市高新区立才学校顾问
熊振鸿　湖南省郴州菁华园学校年级组长
李志军　四川省眉山师范附属小学教师
邓从新　湖北省监利县黄歇口镇中心小学教师
对话主持　梁恕俭

从教具到学具的嬗变

　　从教具主要以教师准备、教师使用为主到教具与学具师生共同准备、学生使用为主的转变，是"以学定教，教为学服务"理念的体现。
　　梁恕俭：新课改背景下探讨"学具"，采用的是一个宽泛概念，是把学具的研发与使用放到了"全课程、大课堂、整体高效"的视野中去定位。那么，新课堂的"学具"与传统的"教具"有什么区别与联系？

王红顺：教具是"教学时用来讲解说明某事某物的模型、实物、图标和多媒体等的统称"，教具研发的出发点主要是为了方便教师的教。学具是在学习的各个环节、流程中直接或间接帮助学生学习的工具，学具研发的出发点主要是为了方便学生的学，它与现代教学模式相匹配。从单纯关注教具到统筹兼顾教具与学具的开发与实施，是教学理念发展的必然。从教具主要以教师准备、教师使用为主到教具与学具师生共同准备、学生使用为主的转变，是"以学定教，教为学服务"理念的体现。从教具理念出发的演示实验主要以按图索骥的验证实验到从学具理念出发的研究性实验主要以探究性、开放性实验转型，是课堂学习方式发生变化的产物。

熊振鸿：传统意义上的"教具"侧重在一个"教"字，强调的是以老师为主，是老师在课堂上进行演示的重要工具（学生只有在实验室里才有演示的机会），是传统课堂的重要辅助手段之一。"新课堂"中，把"教具"改称为"学具"，这不仅仅是一个字的改变，而是教育教学理念的重要转变。一个"学"字强调的是以学生为本，强调的是"相信学生、利用学生"，真正把学生看做是课堂上具有主观能动作用的人。

传统意义上的"教具"或是定制的，或是老师根据课程的需要自行制作的，基本上没有学生的参与过程，即使有，学生也只是打打下手而已。而"学具"则是由学生自主制作的，他们利用身边可以利用的材料，根据学习需要制作适合于自己学习的"工具"。学生在制作过程中体验参与的快乐，学生在使用中体验成功的喜悦。

李志军：一位哲人说过："教育的最高境界就是把学习做成一种游

戏!"所以，理想的学具应该是一种特殊的玩具。一是富有科学性，忠实于知识本身的结构，和谐承载知识；二是具有可娱乐性，赋以健康、有趣的游戏规则，激发学生自己行动。这样的学具运用起来，实际上就是游戏学习。"贪玩好动，嗜爱游戏"是学生的天性。游戏学习才是一种尊重并激发人性的学习。

王红顺：学具引进新课堂，必将带来一连串的课堂正向良性互动效应。学具的正确使用，符合从实物建构—图形建构—符号建构的规律，利于学生知识的同化和顺应；学具的正确使用，让学生从生活走向了学科，再从学科走向了生活，实现了教育的完整循环；学具的正确使用，助推了学生学习方式的转变，利于经验的积累，利于动手能力、创新能力、实践能力的培养。可见，学具这种新型生产力的推广与使用，必将带来课堂教学的一次新的革命，助推课堂高效、学生综合素养提升是理所当然的事情。

导学案的研发与大面积推广使用，使传统的课堂发生了本质的变化，孕育而生了高效课堂理论与实践的架构。学具的研发与使用，将"学"推向前台，丰富了探究形式，拓展了课堂内涵，必将给高效课堂带来新的曙光，让高效课堂焕发出新的生机。

鼓励学生自制学具

让学生自己去制作学具，这本身就是让学生经历了一个理解教材、动手实践的科学探究过程。当他们看到自己制作的"学具"或解决了一个问题，或得出了一个科学结论，或受到老师和同学们的好评，那种成功感便会油然而生。

梁恕俭：工欲善其事，必先利其器。从某种意义上讲，学具也算一种"器"。学具的制作，目的何在，应遵循什么原则？

李志军：生动有趣的学具能使学生对知识的记忆更加牢固和准确，逼真直观的学具能使学生产生兴趣和良好的情绪，从而改善学习气氛，促成课堂别样的精彩。学具制作的目的，一是体现"以人为本"这个核心；二是促进学生在制作过程中对课程相关知识点进行整合、巩固；三是培养学生的动手能力，在动手过程中体验制作的乐趣；四是培养学生的创新精神，很多创造发明可能就在这制作过程中触发灵感。通过拼一拼，摆一摆，量一量，做一做……能充分调动学生的各种感官，吸引学生的注意力，激发学生的学习兴趣，扩大课堂容量，更充分地挖掘学生潜力，培养学生探究、合作能力。制作学具的目的是为学生提供练习、实践的机会，更好地合作探究学习，绝不能故弄玄虚，哗众取宠。

实际上民间有很多现成的东西就是宝贵的学具。以普通扑克为例，把民间玩的一些游戏改进后引入到计算教学，效果非常好。小学数学中最难的解决问题教学，没有现成的民间游戏可挖掘，我就自己摸索，终于形成了以"小学数学解决问题游戏卡"为载体的"小学数学解决问题游戏学习法"，从而把主要依赖笔和本的数学解决问题学习方式，变成了学生特别喜欢的游戏学习方式，不仅锐减了书面作业量，还大大提高了学生数学解决问题的能力。

熊振鸿：学具制作应遵循"生本"原则，因为学生是探究者、体验者、合作者、使用者，离开了这一原则，就不能叫"学具"——制作本身即学习。在制作过程中，教师要利用学生的好奇心，相信学生的智慧，唤醒学生的创造力，做好安全防护工作，指导学生进行完善、使用与评价。学具的制作，教师不要越俎代庖，尽量放手发动学生，给他们时间、机会去实践、体验，去创造、应用，这样学生收获的不仅仅是知识，更多的是学习能力的提升和学习本身所带来的乐趣和成就感，进一步激发他们学习的兴趣和自信，使他们的创造能力、审美能力和动手能力在潜移默化中得到提高。

邓从新：亲身经历以探究为主的学习活动是学生学习科学的主要途径，而探究的效果在很大程度上取决于学具的制作和使用。学具能揭示科学概念，反映自然现象的某种关系，能使学生借助学具的探究，发现问题、解决问题。因此，使用学具教学是让学生参与实践的前提，也是培养学生科学素养的关键。

让学生自己去制作学具，这本身就是让学生经历了一个理解教材、动手实践的科学探究过程。当他们看到自己制作的"学具"或解决了一个问题，或得出了一个科学结论，或受到老师和同学们的好评时，那种成功感便会油然而生。

熊振鸿：学具的使用可以是静态的，也可以是动态的。比如学生制作的卡片可以贴在教室的墙上，甚至贴在宿舍洗漱台边的玻璃上，也可以揣在口袋里，随时随地拿出来读一读。形式多样的学具，满足了学生不同学习阶段、不同学习内容、不同学习方式的需求。学具使用的时间也没有固定性，既可以是课外使用，又可以是课内使用。既有长期使用的，也有短期使用的。这种不受时空限制的学具，最有助学价值。

邓从新：有效的学具应该是学生能够独立成功支配的，但又不是以往经验的简单重复，必须让学生在克服困难的过程中，自觉调节行为活动，解决主观愿望与客观事实之间的矛盾，让学生去"跳一跳，摘苹果"。例如，在"探究物体的热传导"时，给学生提供的材料是：一根铁丝、许多根火柴棒、凡士林、支架、酒精灯。放手让学生自行探究酒精灯产生的热量是怎样在铁丝中传导开去的。

李志军：假如遵循知识本身的结构特点，把学习做成一种游戏，使知识和谐地融入学具当中，学生在学习过程中依据游戏规则互相评判、相互指正，把课堂上几个人的表演变成了不计场合的人人"倾情表演"，自然就实现了"教师因此可以少教，但是学生可以多学"（夸美纽斯语）的目的。"学习金字塔"理论的最高效果就是"学生教别人"。"学生教别人"过程中的"以理服人"，能有效地弥补以抄记式学习为主的传统教学模式的弊端，能加强合作能力、口头表达能力的培养。

学具的制作要因"学"制宜，综合考虑时间消耗、经济成本与助学收益的"性价比"，避免买椟还珠式的为"具"废"学"，也不要为了直观演示一个浅显的道理而小题大做。学具的制作，在形式上要因陋就简，在取材上要变废为宝，在使用上要一"具"多用，并尽可能采取那些简便易行、寓教于乐、激趣益智的学具。另外，学具的使用还要做好评价工作，较好的评价方式应本着"欣赏鼓励，探究建议，协助改进"的原则。

五类创意学具盘点

□王红顺

学具的研发并无奥妙，只要立足于"生"，服务于"学"，让学生多动手，多实验，多体会，一张卡片、一项游戏、一把QQ币，都有可能成为助学、创学，使学生乐学的好工具。河南省郑州市高新区立才学校顾问王红顺长期致力于高效课堂的实践研究，他在实践中创意研发了一些学具。我们特选取其中的五类，与读者分享，希望能给老师们带来启发。

"寓学于玩"的学具

【理念解读】高科技与传统教育产品的嫁接，让过去异想天开的想法成为了现实。"玩中学、学中玩"是学生喜爱的学习方式。相应学具的研发，让这种教育理念落实成为了可能。

【案例】

（1）小学生必背七十首古诗词互动监测屏：笔者的设想是利用现代高科技手段，实现古诗词互动监测。学生点击屏幕可以配乐欣赏；学生朗诵、背诵的效果可以直接打分，给予激励性评价；学生可以根据古诗词的意境，创作诗配画、配乐散文、古诗新唱等。

（2）词语、成语接龙梅花桩或跳步格：在学校活动场地，竖一些梅花桩或画一些跳步格，梅花桩上或跳步格内精选一些可以定期更换的词语、成语接龙，让孩子在锻炼身体的同时，顺手牵羊完成词语、成语的复习巩固。

（3）汉语拼音大转盘：在小学校园墙壁上先放置两个同一轴心的圆盘，再固定一个指针，通过转动圆盘实现声母、韵母随机匹配，让学生熟练掌握汉语拼音的拼读。

（4）室外工具、机械：带领学生走出教室玩跷跷板、压水井摇杆，体验杠杆的科学原理；观察自行车龙头、脚蹬子、齿轮、链条，研究自行车上使用了哪些机械及其原理、运用了哪些传动方式及其原理。

判断学情的学具

【理念解读】以往课堂上判断学情，凭的是教师的经验，靠的是教师的感觉。如果把学具引进学情判断，将实现对学情的判断从定性到定量的突破。

【案例】

（1）信息反馈牌：将高效课堂中小组文化建设的载体——组牌，改造成信息反馈牌。方法是每个小组桌面上都放一个正四面体，每个面上涂上不同的颜色。红色代表小组合作学习遇到本组解决不了的问题，需要向教师或学习组长求助；绿色代表小组合作学习一切正常，请勿打扰；黄色代表本组分派或认领任务已经全面完成，请求分派或想认领新任务；蓝色代表本组任务刚完成，请求接受教师助理抽查与验收。教师借助信息反馈牌，针对小组不同情况采取科学指导方法。

（2）任务条：针对"学生只知道本组的任务，不知道其他组的任务，造成要么补充发言因缺少准备而质量低下，要么点评发言不痛不痒击不中要害"这种现象，我们引进了任务条学具。任务条就是将各小组自己的任务以及其他小组的任务一一注明，同时表明各组要重点补充发言的任务，用小纸条形式记录并分发到各小组。这样课堂的展示、点评、补充就可以高质量运行。

（3）展示卡：针对"小组合作学习中有的学生成为了小组展示自我的贵族，有的沦落为小组展示自我的奴隶"的现实，同时为了体现"让每个学生都成为课堂的贡献者"这一理念，我们提出了展示卡这种学具。展示卡的使用说明：每节课课前有小组长为学生发放 2－3 张（个）展示卡，在小组合作学习过程中，每个学生发言一次就要消耗一张展示卡，用完展示卡的学生在小组就没有发言权利了。这样优等生就更加珍惜自己发言机会了，同时也为潜能生展示自我提供了一个宽阔的平台，实现了从机制上保护小组中弱势群体的利益。

评价效果的学具

【理念解读】高效课堂采用的评价体系，节、日、周、月、期、年度评价构不成链条，形不成合力，起不到累积激励效应；学科教师各管一块、各管一段，各自出台自己的评价体系，因缺少系统整合，给人"东一榔头西一棒子"的印象，起不到"1＋1＞2"的增值效应。这样就产生了如下弊端：时效性不够强。大多荣誉的评定往往需要较长时间的"积淀与守望"，等到学生经过一番努力最终获得荣誉时，当初奋进的热情可能早已"冷却"了。荣誉没有构成阶梯式晋级链条。学生的良好表现是以获得终结式荣誉呈现的，学生阶段性表现如果缺少物化的载体，就不能直接感悟到自己成长的印迹。鉴于上述原因，为了破解这些难题，笔者把网络游戏中的积分、晋级、QQ币等吸引玩家的一系列动力机制，消化吸收、嫁接、移植到了中小学学生课堂评价体系中，研发出了适合中小学的"QQ币课堂评价体系"学具——学科QQ币。

【案例】

（1）学科QQ币课堂评价的创意：对学生的课堂日常评价以学生"看得见、摸得着"的直观的、物化的、便于纵横比较的形式——学科QQ币呈现。在此基础上，建立学生乐于接受的有较强刺激性的、体系完备的QQ币评价系统。QQ币可以在校园流通、消费。学科QQ币的面值：QQ币的面值均为1、2、5、10、20。学科QQ币主要以学生的课堂表现、完成作业、学科知识的实践应用、学业成绩作为依据，教研组长委托学科教师统一考核发放。需要说明的是，学校要出台宏观的、简便易操作的《学科QQ币评价体系实施纲要》。纲要必须对下列关键问题作出明确界定：要依据学科的性质、重要性、课时的多少、学校的导向，各教研组协商制定学科QQ币每周发放的比例关系，防止QQ币贬值；各教研组要相互参照、联合出台本学科负责发放的年级QQ币实施细则，对学生同样的表现，要避免不同学科、同一学科不同教师之间发放标准、尺度不统一的问题；学校要统筹规划、建设、经营QQ超市、QQ交流市场、QQ花圃、QQ林场、QQ农场、QQ养殖场；要引导学生合理消费、理性消费，防止盲目消费、攀比消费、超前消费；要教育学生走出用QQ币单纯进行物质消费的误区，提倡学生进行高层次的精神消费、有意义的团体消费、孝敬长辈的爱心消费；严禁QQ币与人民币之间的等值换算，严禁教师扣罚；要教育学生爱护QQ币，不随意刻画、损坏、丢失。学校学生发展中心是"总行"，各教研组、班级是"支行"。"总行"每双周周一定期为"支行"发放一定数量的 QQ 币。同样支行也要每双周周末将回笼的 QQ 币上交"总行"。QQ 币由"总行"或"支行"的"行长"委托相关部门的负责人、班主任考核发放；班主任要为学生统一办理 QQ 币存折，班级墙壁上要张贴《班级 QQ 币财富榜》，学生周、月、期挣的 QQ 币的种类、数量应一目了然。

（2）建立课堂记录本：由学习目标、探究记录、自我评价等部分组成。其中，"自我评价"用星星表示，其中 3 颗星表示优秀，2 颗星表示良好，1 颗星表示一般。让学生对自己在"探究记录"中记载的课前观察、课堂实验、研究探讨、课外延伸等环节的探究成绩，用画星星的形式作出评价。

提高效率的学具

【理念解读】导学案的研发与推广使用，使课堂效率提升了一个层级，课堂学具的研发与使用，也能使课堂效率再提高一个层级。

【案例】

（1）学科教材自身配套的学具如与科学教材配套的手工制作的材料。

（2）配合高效课堂教学模式的学具，活页夹、双色笔、纠错本——号称课堂"三宝"。活页夹，随时记录自己在学习中遇到的问题；双色笔标注法，让学生在自学中确立个人化的学习目标，然后学生通过自学或讨论学，解决自己存在的困惑，就算初步完成了任务。学生解决困惑后，用双色笔把曾经的拦路虎整理抄写在纠错本上。一个学期下来，不同学生的个人化复习资料就汇集起来了。这样在复习时就方便多了，针对性和目标性就更强了。

（3）对教材上已有的实验设计运用身边的材料进行有效改进，设计出更符合学生自己去探究的学具。

展示成果的学具

【理念解读】行为彰显、成果展示是一种被传统教学忽视的学习方法。行为彰显、成果展示既是课堂教学的组成部分，又是一种学习活动载体，更是一种新的检测评价方法。行为彰显、成果展示的过程，就是不断学习、巩固的过程；同时也是自我反思、同伴互助的学习过程。

【案例】

（1）《读书成长手册》学具的研发与实施。针对多数学生不愿记读书笔记的现状，笔者研发了旨在让学生行为彰显、成果展示的《读书成长手册》。该手册彩色印刷，以半成品形式呈现。学生可以为手册起一个个性化的名字，可以进行个性化的封面设计，可以张贴自己喜欢的读书照片，可以把自己搜集的剪报资料张贴在相应的栏目里。学生可以把自己在各级各类读书活动中获奖情况填写在相应栏目里，还可以把自己积累的名言警句、谚语、歇后语，摘抄的优美片段，自己撰写的故事梗概、人物评价、读后感、续写、改编的故事等按日期填写在相应栏目里。学期结束，学生就自己创作了一本书，会很有成就感。

（2）"科学信箱"的使用和管理。学生平时有了"新发现""新想法"，或者有了不懂的问题，都可以写成纸条投进"科学信箱"。老师定时将学生投进的稿子进行整理，对有价值的"新发现""新想法"提供给全班同学分享；对学生提出的问题，组织学生通过查阅资料、实验探究、请教他人的方式找到答案。并对学生的"投稿"、"分享"、"探究"量化计分，期末进行综合评定。

需要说明的是，要充分发挥学科课程的学具与非学科课程学具整合的优势：通过非学科课程学具的使用，学生凭借行为彰显，进行学科课程内容的成果展示；通过学科课程学具的使用，让学生在非学科课程中积累的经验、感悟反作用于学科教学；通过学校生态环境这个载体，有意识地让学科课程与非学科课程打通进行。

三件高效学习伴侣

双色笔、纠错本、活页夹被称为高效课堂学习的三件宝贝，这些看似不起眼的小东西，却隐含着大智慧。它们的价值在于辅助、促进学生今天的学，支撑、便利学生后续的学。用"繁琐"换取学生今日思考的充分、学习的深入，赢得学生明日学习的快捷和高效。

对话嘉宾
姜凤平　山东省德州跃华学校校长
何丽红　浙江省台州市路桥区第二中学校长
王　琼　甘肃省陇南市西和县十里中学校长
崔小英　河北省唐山市丰润区岔河镇中学教研组长
对话主持　梁恕俭

"三宝"是教育理念的外显

学习"三宝"是帮助学生进入自主学习殿堂的基石与手杖。

梁恕俭： 在网上搜索学习"三宝"，能发现好多种解读。有"好心态、好习惯、好方法"之说，有"谛听、接受、思维"之说，还有的说

"一宝是眼睛长在黑板上，二宝是耳朵长在老师的嘴巴上，三宝是脑子长在思维上"。今天要谈的"三宝"是双色笔、纠错本、活页夹。

崔小英：要求学生"眼睛长在黑板上、耳朵长在老师的嘴巴上……"显然是填鸭式教学的产物。而"教材、同步练习题、真题"这所谓的"三宝"不就是纯粹地为了应试吗？至于"预习、听讲、作业"更是老掉牙的俗套子，别称"三宝"了，说"三俗"还差不多！其实，每一种说法的背后，都代表着一种外显的教育理念。

何丽红：不同的时期，自然有不同的观点。同一种事物，也可有不同的表述。比如，我们路桥二中就把"双色笔"要求为"三色笔"，用"资料袋"来代替"活夹页"，其实质不变。学习"三宝"是帮助学生进入自主学习殿堂的基石与手杖。

姜风平："活页夹"，不仅能方便学生随时积累，还要能灵活使用。在实际运用中，"活页夹"要随时整理，对于不能支撑后续学习的，已经完全掌握的，部分对个人后续学习意义不大的资料要及时剔除。随着时间的推移，可以每个学科建立两个"活页夹"，或者将"活页夹"分类整理，也可以随时用方便贴在活页上加注页码和提醒，以方便后续学习和资料查找。对于单元重点知识网络体系和典型题目等学习资料可以集中存放。

"双色笔"，并不是严格意义上的双色，也可以是三色。初期可以使用双色笔，复习检索过程中，可以用符号或第三种颜色，也可以是加粗的黑色、红色笔标志活页夹和纠错本中的相关内容。对需要提醒自己的、仍然存在疑惑的，或规律方法突出的内容可以再次加注标志，目的是方便后续复习时，能快速检索，提高学习效率。

"纠错本"，要防止成为错题集，更要防止整理的内容过多，造成建立和使用上时间的双重浪费。"纠错本"是个性化非常强的学习记录，要在统一的基础上，结合学科特点，提倡学生创造性建立自己的"纠错本"，在定期交流、观摩中丰富完善。为方便使用，最好使用活页本，建立检索目录，以方便整理、检索、保存。

为了赢得明日高效

双色笔（粉笔）的运用还体现在黑板上，学生在进行展示或者在黑板上做题时，就有关易错点、关键点、关键词等用双色笔进行凸显标注。

梁恕俭：运用之妙，存乎一心。让"三宝"物尽其用，发挥出最大价值，您的学校是怎样做的？

姜风平："三宝"的价值在于辅助、促进学生今天的学，支撑、便利学生后续的学。用"繁琐"换取学生今日思考的充分、学习的深入，赢得学生明日学习的快捷和高效。

"活页夹"，夹住的是今天的收成。今天将收成入库，是为了明天提高学习效率。既然夹住的是收成，那么"活页夹"就不能理解为单纯的学案集，尤其是每个单元学习结束，自己整理的单元知识要点、框架体系，甚至典型解题思路、解题方法，总结的规律等更要及时"入库"。"活页夹"要立足明天的用，凡是明天无用的，就一律不要"入库"。否则，积攒过多、过滥也是麻烦。

"双色笔"，适用范围极广，从资料阅读中的"圈、点、勾、画"，学案中疑点、难点的标注，规律、方法的总结，到纠错本中错误点的标示、分析和展示版面中规律、方法、疑点、易错点、拓展延伸点的提醒都会用到双色笔。要注意的是，红笔使用过多，会造成重点、难点、易错点等不突出。红笔使用要方便知识的梳理和检索，方便复习中更容易抓住要害，要为由厚变薄做准备。

在实际应用中，我们将"纠错本"更名为"典型题集"。依据学科特点又将其分为不同板块，如：经典习题，此类习题之典型在于规律、方法鲜明，蕴含知识点的综合运用，重在总结规律、方法，形成体系；错题分析，应以正解为主，辅之错误分析，用双色笔标注出易错点，整理代表性的知识点；思路链接，是从题目出发，以解题思路链接相关联的知识、方法，形成方法体系；拓展延伸，是依据所学内容适当拓展延伸，开阔知识视野。

何丽红："三宝"在学生使用导学案的时候发挥着同样重要的作用。活页夹用于集中存放导学案，避免丢失，并定期对各科导学案进行整理，作为重要的复习巩固材料。双色笔用于标注导学案上个人学习解决不了的问题，并将问题带入对学、群学中。同时，双色笔（粉笔）的运用还体现在黑板上，学生在进行展示或者在黑板上做题时，就有关易错点、关键点、关键词等用双色笔进行凸显标注。纠错本的使用可以与导学案相结合，将纠错内容填写在导学案边栏里。

王琼：我们西和十里中学把纠错本学科化，设计理念是：更好地落实"以学定教"，提高学生发现问题、分析问题、解决问题的能力，提高学生思维能力、逻辑推理能力，以贯彻落实素质教育。为促进学生对知识点的理解掌握，设计了"看你积累了多少"一栏，要求学生把自己在理解上含糊的问题写在上面，通过完成这一栏目，提高学生对这一类问题的重视程度。并通过这一栏目的完成向老师反馈出自己在学习中、理解上存在的问题，为教师"以学定教"做铺垫。

为了提高学生的理解能力、识记能力、知识的应用能力，我们设计了"知识点梳理"一栏，帮助学生理解所学知识点，提高知识点的应用能力。在学生学习过程中为了更好地发挥老师的作用，尤其在学习方法上进行指导和点拨，设计了"教师批注"一栏。为增强各学科间的联系，提高学生的综合素质，设计了"名言警句"一栏，要求学生搜集或自己总结具有激励性的语言，从知识积累、个人修养上促进学生成长。

"三宝"背后是习惯养成

"三宝"绝不是学生的专利，教师也要建立自己的"活页夹""典型题集"，教师手中的学案，也要用双色笔突出重点、难点、规律方法点、拓展延伸点等。

梁恕俭：慎终如始，让坚持成为一种习惯，这是为学之道。坚持使用"三宝"对学生学习行为习惯有哪些影响？

崔小英：可能有许多老师在课堂上讲过"熊瞎子掰玉米"的故事，于是愤愤不平地指责学生"学得慢忘得快"，既不懂得复习又不会累积。比如英语学科，其特点就是知识点多，且分散，到最后收尾阶段常常遗憾地发现，留在学生头脑里的远不是我们预期想要的，而我们能做的，除了"望题兴叹"就剩下"再说一遍"了。记得以前，老师说要找哪份测试卷，教室里翻成一团，浪费时间不说，更要命的是部分学生的测试卷早不知飞哪里去了。后来开始用活页夹，让学生把每一次知识总结、课堂要点和巩固习题都用小夹子夹起来。真不敢小瞧它的作用，那里面夹着的可不仅仅是知识点、试题和讨论结果，更多的是培养了学生的一种学习习惯。

什么习惯呢？那就是整理有序和持之以恒。"整理"这个看似简单的行为，其实包含的是爱整洁、讲秩序、养成物归原处的做事习惯；而"坚持"则考验着学生的意志品质，间接地培养人的责任意识。让学生养成随用随整理的习惯，这对于他们以后的成长是很有益处的。换句话说，活页夹不仅让导学案、测试卷等按学科整理得井井有条，还能潜移默化地培养学生的学习能力。比如，如何归类，如何排序，如何区分轻重缓急，等等。

姜风平：是的，好习惯贵在坚持。让学生在学习中体会"三宝"的好处，他们自然乐于坚持，并能形成习惯。总之，学习"三宝"要贯穿到整个学习过程之中，反复使用，落到实处。同时，"三宝"绝不是学生的专利，教师也要建立自己的"活页夹""典型题集"，教师手中的学案，也要用双色笔突出重点、难点、规律方法点、拓展延伸点等。最忌讳教师让"三宝"的使用放任自流，不指导、不批阅、不组织，反复使用。一旦流于形式，学生就很难坚持成为习惯。

附　录
问道课改

课改十年回望与反思

十年前的基础教育，教师还只是"二传手"，教室里还没有多面黑板，学生还不是主人，学习还是被动，作业还是负担，上学还缺乏乐趣，课堂还是枯燥，学校文化还只是空荡的白墙上高挂着几个教育家的肖像和标语，教育还被应试异化……

基础教育课程改革走过了十个年头。这十年，在政府行为、专家行为、教师行为、学生发展、学校生活、高考改革的行政引领和内在需求的拉动下，使十年前基础教育的那些"只是""还没有""还是"发生了天翻地覆的变革，真正实现了发展学生、教师主导、学生主体，校园文化走向课堂文化，高考只是副产品……"以人为本"的教学思想开始了"软着陆"。

单从课堂这个小宇宙去窥视课改十年，这是历史性的成就。

但是，不可否认目前的课堂教学依然存在一些问题，为此我们从宏观和微观的不同角度，对理念落实、实践路径、具体实效，进行了回望与反思。如同杜郎口中学的反思会追求的那样，"揪住问题严反思，找出办法抓落实"。任何改革都不能倒退，不能走回头路。

向青草更深处漫溯

□李炳亭

"教育是'造人'的事业"

杨贤江先生于八十年前的这句话，可以概括我们素质教育的主旨。

"造人"，当然要取决于"人才培养模式"。人才的成长需要良性的"教育生态"，如果把课程比之于种子，那课堂则好比土壤，而我所表达的"生态"，则好比是雨露阳光。

"教育是行者的宗教"，这句话的潜台词是说，教育唯有从理念设计层面探入实践操作，才能向"青草更深处漫溯"。而实践和操作，在某种程度上，应属于"教师的专利"，那么，基于"新教师"的课堂行为流向，那个被无数生动的教学案例所淘洗出来的"新课堂学"，则有可能会挑战一些专家的研究预测，因为教育的成色终究在课堂。

课改十年，教育最大的成就莫过于课堂的变化，从最初自上而下的政府要求、专家呐喊，到自下而上的草根"自救"，在经历一场群雄并起、诸侯纷争式的课堂"骚动"之后，看似无序的课改正呈现出一个无比清晰的脉络，找到了课改的支点，就能撬动整个教育的变革，教育的"课堂并发症"得以治愈。事实的验证告诉我们，与其将这份事业说成是"课改"，不如说是"课变"。

十年，我们收获了什么

教师的思想观念发生了转变。教师不再扮演学生成长的直接"决定者", 而是命运的"影响者", 教师通过把学习和成长权交付给学生, 部分实现了学习的"事归原主"。充分发挥学生的自主性、主动性、创造性, 教师从未像现在这样"相信学生"。教师不再甘于担当"牺牲者", 而是一个共同的"成长者", 教师的职业境界通过课改得以提升。

教师的角色定位更加准确。教师不再一味地担当"二传手", 而是鼓励学生与学习对话, 即放手发动"一传"。教师不再是一个传统的知识灌输者, 而是一个点燃学生学习热情和生命激情的"纵火者"。

教育终究是一项"科学", 课改注定需要下决心摈弃一些陈腐的经验, 勇于完成课堂模式和流程的"再造"。模式即标准, 流程即效益, 技术的发展为新课改接续了生命。

十年课改最大的亮色不是解决和提升了多少教学的效益问题, 而在于开始从关注知识到关注学生的课堂生存状态。有人说, 教学质量即学生的生存质量, 课堂之所以发生本质性的变化, 始于对学生作为"人"的发现, 教育即人学, 这一重要观念的转变, 促使了教学关系和师生关系的全新建构。新课堂带来了新气象, 课堂不再沉闷无聊, 学习也不再是一种被动式的接受, 而是一种满足学生好奇和兴趣的探究之旅。当学习开始按照"儿童的方式"发生时, 学习就基本不再是一种负担, 而是"乐在其中"的情感游戏。那么, 基于"减负"的根源性解决之道, 基本在一线形成共识, "减负"实在不完全是"减量", 而是"增趣"。

一切教育的成果都不可回避地体现在学生身上。新课改的最大价值, 是发生在学生身心上的综合素质的提高。在一些课改学校, 我们惊喜地看到了这种显著的变化, 在他们身上, 那种高涨的学习热情、对待生活的态度、阳光开朗的气质和团队合作精神让人印象深刻。这样的变化很容易让人把课改联想到一个充满宗教感的词汇——放生。

十年，我们的经验是什么

课程内容的生活性和情趣性从根本上纠正了过去过于注重书本知识的状况，加强了与学生生活经验以及现代社会和科技发展的联系，从而增强了教学内容的丰富性和选择性，满足了多元发展的需求，对学生产生了很大的吸引力。

学习方式由单一性转向多样性，在做中学、在合作中学、在游戏中学，独学、对学、群学，对学习方式的包容性探索，让学习方式呈现出"八仙过海"的局面。尤其是课堂评价机制的变革，从注重结果到注重过程，用发展的眼光看待学生，关注学生的成长过程，让孩子感受到学习成功的欢乐，唤起了学生的生命感和成长的自豪感。"评价是武器"，围绕课堂建构学校管理体系，是课改 10 年的基本经验。

教师也是成长者，新课改不仅促进了教师的角色转变和专业成长，而且催生了"新教师"的诞生，教育的希望在教师，教师的成长在课堂，"教育家必然从课堂里走出来"。

十年教育实践还告诉我们，要重视"基于问题解决"的教科研工作，教科研的试验台在课堂，教科研的价值不在于理念是否先进，而在于如何与实践对接，不是用实践去验证理念，而是去行动去推动变化。

十年，有哪些问题需要反思

不可把理念和观念混淆。理念只有真正转变成自己的教育观念，才能促使课堂行为发生质变。如果不从根本上解决这个关键，课改仍然只会流于形式，课堂仍然无法杜绝一味地表演，教师仍然会继续支配学生的发展。

课堂评价有待完善，要继续探索中、高考改革方案，引领一线教学从"培养考生"到"培养学生"的跨越，淡化知识传授，注重生命的自然成长。

重视课堂流程，淡化教学艺术。教育还必须学会重新回到常识上来，体现出其科学性的一面，限制任由其发挥的率性和随意性，强调教学技术的服务性，让一切"教的设计"都服务于"学之需要"，真正体现学生主体，发挥教师主导。主体和主导只有"双剑合璧"才能发挥教与学的神奇。

重视校本课程开发，但校本课程必须满足学生发展需求。

用科学发展观来看待和包容课改中出现的问题，要努力营造课改文化，进而构建课改"生态"，其实，课改的问题说白了终究是文化的问题。

好在，我们就在路上！

（作者系中国教师报总编辑助理、编辑部主任）

教育改革只能前进

□景国成

新课改十年，成效不言而喻，缺陷也在所难免。赞歌绝对有助于扬长，反思也肯定能帮助避短。下面几点思考，但愿能为一线教师带来启发。

课改理念落实多少

课改一开始就明确了培养学生创新精神和实践能力的理念，提出了重视学生兴趣、习惯、策略、自信，让学生学习基础知识和基本技能的同时，学会学习、形成正确价值观的要求，强调了教育教学过程中"自主、合作、探究、体验"的重要性，并针对目前课堂教学中存在的种种问题，建议我们的教学要重过程、重实践、重创新、重能力。然而，在一次次的听课和座谈中，展现给我们的是十分难堪的局面。大部分学校，教师依旧、课堂依旧、学生依旧，并且有不少新问题出现。

实际上，近两年来我针对河南省安阳市的农村中小学新课改的实施情况进行了较为详细的调查。其中的书面调查共发放问卷 30 次，累计3500 份，收回有效问卷 3263 份，结果很出乎意料，截至调查之日，中小学教师中，学过"新课标"的仅占 9.6％。"课标"是教改实施的方向盘，不学"课标"，教师怎能让课堂走上正道？

课程、教材是否利于减负、高效

就课程而言，课改之初就提出了国家、地方、校本三级课程模式。不少专家据此研制了国家级实验教材，一些省市也竞相出版了自己的地方教材，有条件的学校还开发了自己的校本教材。由于数十年教材观的深入人心，至今不少教师还是以教材为"本"，认为课本就是课程的一切。加之这一批教材尚处于实验阶段，所以大多数教师和学生还没有真正进入课改的状态。

新一批教材内容几乎没有偏难怪的东西，一看便知是用国外采来的鲜花扎成的"花篮"。但若深究就会发现，其中最缺乏的是科学、系统的思想体系。事实上，每个学科都有其自身的思想体系、结构体系和方法体系。教材重视了这些"体系"，教师教起来轻松，学生学起来愉快，教育目标也容易落实。当然，这更有利于减轻学生和老师们的课业负担。

本次改革之前，我们已经多次减负。按照专家们的说法，每一次减负都"删减了繁、杂、怪、难和不重要的板块，也降低了对一些内容的要求"。按理说，中小学生的课业负担绝对不应该再重了。但残酷的现实让我们汗颜：我们天天听说"学生累、老师累、家长累"，似乎负担比过去还要重。

有人说，造成课业负担过重的根源在于考试评价，这句话的确有一定道理，但减负绝对不单单只有这个原因，还有更深一层的原因。我身边有几个科研迷，他们很少使用统编教材，他们教学用的是自己独特的思想体系，十几天或一个多月的时间即可轻松完成整个学期或学年的任务。余下的时间让学生自行阅读、自主探究、创新实践、发展爱好。这些老师们很少布置家庭作业，从不使用题海战术，但各类考试成绩都很优异。这是真正的高效。

至于减内容和降难度为什么不能真正实现减负，答案很简单：当一个完整系统的学科体系被"减"得"漏洞"百出时，教师的教学肯定就有了更多的麻烦。他们不得不频繁地修复漏洞，否则教学就难以推进，更不用说这个"系统"是否真正科学。所以，真正的减负应该是学科思想、学科结构和教学方法的优化，从而实现课堂的高效。高效课堂的标准是，教师用最少的时间、最优的方法，让学生获得最大的收益。

传统是否不如现代

在历次课改中，遭批判最多的是传统，受褒扬最多的是现代。其实每个人都能听出弦外之音，传统的都是旧的、中国的、毫无价值的、应该抛弃或受到批判的。我在想，批传统的人中，不知究竟有几人真正研究过中国，研究过传统？

叶圣陶、陶行知……他们是中国的，是近现代的；孔子、王夫之、朱熹、韩愈……他们是中国的；是古代的。他们的教育思想和教学方法真的毫无价值吗？绝对不是！如果孔子的教育思想真的一无是处，如果他的教学方法不是那么活泼、有效，他怎么能够在历次世界教育名人评选中位居榜首呢？

其实，很多应该受批判的东西，比如重讲解、满堂灌、重知识、轻实践、轻能力、轻体验等以及学生的逆反、厌学、抑郁、浮躁、网瘾等，恰恰都是近现代的。而最具讽刺意味的是，我们这几十年的教育几乎都是借鉴或照搬外国的东西，这与中国、传统有多少关系呢？

西方有西方的长处，东方有东方的优点，古代有古代的不可超越，现代有现代的无法替代。改革不是全盘否定，也不应该是简单地抛弃和照搬，科学的态度应该是理智地继承、借鉴和发展。

多媒体怎么"辅助"最合适

新课改倡导现代化教学手段，这绝对是一个正确的方向。多媒体辅助教学肯定比仅靠黑板、粉笔好得多，所以我们近年来的教学确实在直观、生动以及快节奏、高密度等方面取得了不小的进步。不过，什么事情都要把握好一个"度"，"过"与"不及"都是有害的。就拿近年来课改研讨课、示范课、优质课中使用的课件来说，不少课件出现了背离课改宗旨的做法。例如：（1）动画滥用，即动画一直不停或多处乱动。好的动画一般是教、学活动开始便立即停下，以免影响其他教学活动，绝不能把课堂变成动画欣赏课。（2）声响滥用，即每打开课件都有声响。声响出现的时机和频次肯定是根据学习内容、学生心理特点而设，而不是课件制作人的一厢情愿。（3）满板文字，因为它使学生处于"看不完、记不全，听不好"的境地，这将极大地影响学生的学习情绪和自信心。（4）过于强调完整，也就是把教案内容和要说的话都写进屏幕，这是十分无益的。如果什么都提前预设，连步骤间的过渡语都放进课件，必将严重影响老师的主动性。虽然以上所举仅是多媒体运用中的小侧面，但"窥一斑而知全豹"，我们应该尽可能避免类似问题的再度出现。所以，科学的辅助方式，应该根据学科特点、学生年龄和老师素质进行。

教育改革万分必要，并且改革只能前进，丝毫不能退却。课改十年，我们取得了卓越成就，但亟待解决的问题仍然很多。值得庆幸的是，教育规划纲要恰在此时启动，相信我们的教育振兴不久就会来到。

（作者系河南省南阳市教育科学研究所所长）

十年课改，理性回归

□张俊丽

课改十年，我们大致走过了这样的一个历程：锣鼓喧天，鞭炮齐鸣——冷静反思，有效修正——学科本位，理性回归。回首十年，我作为一名亲历课改的一线教师，在摸索中前进，在前进中摸索。不课改，中国教师将继续停留在传道授业解惑的层面；不课改，中国学生将继续为应试教育而生；不课改，中国教育将继续走入一个死胡同。

表面繁华的空泛表演

课改之初，老师们积极地和传统教学模式划清界限，表现最为突出的便是上课的形式。课堂上，小品、歌曲、动画无处不在；笑声、歌声、讨论声不绝于耳。美其名曰：激发学生学习兴趣。那时候，我们把活跃的课堂气氛作为评课的一项重要内容。

听过一节物理课：老师一进来就给学生一人发了一张白纸，让学生折叠。还启发道，你们可以发挥自己的想象，把它叠成各种各样的形状。于是乎有的学生折成帆船，有的折成千纸鹤，有的折成飞机……我心里想，现在这物理课本变得就是快，都和手工结合起来了。可没想到折完纸后，老师却总结了这样一句话：同学们，同样一张白纸，我们可以折成各种各样的东西，同样，一道题，我们也可以有不同的解法。我恍然大悟，原来纸有不同折法和题有不同解法之间有因果关系，这位老师是"为赋新词强说愁"了。

可见我们把关注的目光仅投向了课堂形式，于是，一些表演课应运而生。导致公开课上，只有预设的精彩，而没有生成的遗憾；只有一呼百应的热闹，而没有安静独立的思考；只有虚伪夸大的赞美，而没有真诚无私的批评。在这种思想的倡导下，我们看到的只是教育的一团和气和表面繁荣。

反思后的有效修正

中国教育学会常务副会长郭永福在他的《要处理好课改中的若干关系》中说："我们要求的是思维的活跃，让学生在课堂上都能开动脑筋，积极去思考问题，钻研问题，从而促进思维能力的发展，而不是追求表面形式的活跃。合作学习也应建立在自主学习的基础上，学生自己还没来得及好好学就要求他们讨论，这不是真正的合作，也达不到预期的目的。"

气氛活跃≠思维活跃。适当的幽默能缓解学生学习的压力，愉悦身心，使老师更有亲和力。但当嬉笑泛滥成灾时，热闹之余，却没给学生留下多少启迪。真正的思维活跃是看学生有没有思考问题，有没有思考问题的主动性。新课程提倡自主、合作、探究的学习方式，其目的就是为了激活学生的思维，让学生主动地学习。

小组讨论≠合作学习。在每个小组活动中，学生们通常从事于各种需要合作和相互支持的学习活动。课堂讨论是"合作学习"的重要形式，许多教师采用这种方式开展学生的"合作学习"，但我们看到的却是变了味的讨论。有的教师不管问题的难度如何，是否有讨论的价值，一律交给学生讨论，学生兴高采烈，老师神采奕奕。学生中不乏很有见地的发言，但更多的是人云亦云，随声附和。

应该说小组讨论是合作学习的一种方式，但小组讨论绝不等同于合作学习。如果一节课，无论什么问题都采用合作学习方式进行轮番轰炸，表面上看轰轰烈烈，实际上却造成"滥竽充数"者越来越多，分析问题、解决问题的能力越来越差，只能是事倍功半、流于形式。

学科本位的理性回归

前段时间，一位老师谈了课改十年的体会，他说，谈什么呢，现在都回归了，回到以前了。我觉得他对所谓的"回归"认识不到位。我这里所说的回归是理性的回归，而不是回到从前，回到从前不就是白课改了吗？

第一，把什么课上成什么课。每位老师都应清楚自己所教学科的特点，不能把语文课上成思想政治课。有的语文老师上课喜欢拓展延伸，漫无边际，脱离文本，大谈特谈启发和感受。所以第一轮课改学生升入高中后，语文知识一塌糊涂。通过十年的探索，我们走出了许多课改误区。我们可以看到，越来越多的公开课已经回归常态，重视基础知识的落实，而不是架空的楼阁。

第二，"人"和"文"并重。这些年大谈人文，但课堂上却重人轻文。文即文本，许多老师对文本的解读不够准确，浅尝辄止。课堂上学生畅所欲言，老师对学生发言不表态，导致学生对文本的误读，而不是个性解读。

2010 年，山西省的中考作文是：请结合初中语文课文，按特别要求拟题，写一篇不少于 600 字的作文。（拟题特别要求：作文题目中必须包含课文题目，或课文作者，或课文中的人物，或课文题目中的词语等等）据我校参加评卷老师发现，几乎 80％的临汾考生写的都是《背影》。这就说明，我们留给学生的经典文章太少了。课堂上我们读得太少，分析得太多，跳过文本，直接探究问题。

课改十年，我们坚定地走过，又一个十年开始了，经历了课改的老师们已不会惧怕任何风雨。

（作者系山西省临汾市实验中学教研室主任）

课改之问

——2011 课堂教学改革年度观察

□褚清源

　　哲人尼采说，太阳每天都是新的。课堂也是，作为课改的前沿阵地，课堂承载着教育人的希望与梦想。一年的光阴，课堂教学改革有哪些热点值得关注，有哪些收获值得盘点，有哪些经验需要总结，有哪些困惑还需要追问……在回顾与展望的时候，我们应该以教育的名义，向课改年代的行动者致敬！

　　爱尔兰剧作家萧伯纳曾说过，"我生下来是很聪明的，教育把我给毁了"。如今，这样的教育依然在重演。那些被冠之以"坏孩子"和"问题学生"者，可能恰恰是"坏教育"和"问题教育"的牺牲品。这种"坏教育"扼杀着孩子的好奇心、想象力和创造力，这种教育下的课堂无疑成了孩子独立思维的屠宰场。其实，我们每个人又何尝不是这个"坏教育"的受害者，又何尝不是这个"问题教育"的制造者和加固者？值得追问的是，今天，从学校走出的莘莘学子又有多少是这种"坏教育"的幸存者？

　　好在总有仰望星空的人，好在总有人去擦亮教育的眼睛。一直以来，我们又常常被那些改革者、探路者的梦想和行动所触动。因此，每每在回顾与展望的时候，我们都应该以教育的名义，向课改年代的行动者致敬。

教育，往往是变革年代社会关注的热点；而课堂，则承载着这个课改年代最丰富的表情，是课改的晴雨表。每个时代都有独特的教育表情，每个年份也都有组成时代教育表情的典型事件和现象。2011年之于课改人，无疑是值得关注和铭记的一年。

这一年，课堂改革继续保持应有的活力与张力，行走在"课改"旅途的队伍日益壮大，新的经验不断涌现，新的问题也不断显现。好在越来越多的课改人已经明白：没有问题的课改不是真正的课改，课改就是在不断发现问题、解决问题、再发现问题的循环中走向进步的。

这一年，教师观念的转型使课堂的坐标继续位移，从"教中心"向"学中心"位移，从"师中心"向"生中心"位移。

这一年，在实践领域有太多具有观察价值的课改案例和课改现象。当我们对过去一年的课堂改革加以观察和盘点的时候，我们更愿意选择以"追问"的方式。

十年课改贡献了什么

在过去的一年里，"课改十年"成为一个关注的重要主题，不少教育专业媒体不约而同地借此进行了回顾与展望。

十年课改，以义务教育课程标准（实验稿）为纽带的整体性实验和推广，产生了"改革力度最大、影响最为深远的"影响。有专家评价，这是"一份引起国际教育界巨大关注、赢得各国课程界同行广泛尊重和普遍引用的课程标准文件"。

　　十年课改，人们发现，课改需要回到"改课"上来寻求新的破局。过去关注"教"的铁律被颠覆，保障学生的学习权成为共识，相信学生成为常识。日本教育学会前会长佐藤学在《学习的挑战》一书中说，学校和教师的责任并不在于"上好课"，而在于实现每一个学生的学习权，给学生提供挑战高水准学习的机会。山西省教育厅副厅长张卓玉说："我们的基础教育面临一场变革，改革的核心是要把学生的快乐成长、健康成长作为教育的基本任务，使教育从成人为学生设定的生活回到学生自己的真实生活。"

　　十年课改，我们看到，自主学习、合作学习、探究性学习，已通过具体的课堂设计和操作流程变成现实。其实，这也正是课堂革命的全球图景。课堂改革可以说是一种学习方式的变革，旨在保障每一个儿童的学习权，真正实现教育公平。

　　十年课改，让我们真正认识了学生，发现了学生在课改中的价值。实际上，"学生是最值得信赖的改革伙伴"，是最值得开发、利用的课程资源。越来越多的课改实践证明，学生可以成为推动课改的最有力的力量，学生比教师更愿意接受新事物，接受新的学习方式，"学生甚至可能比教师更快地领悟课改的愿景"。

杜郎口在关注什么

　　在 2010 年的课堂教学改革年度观察中，我们关注了媒体围观杜郎口的现象。2011 年，杜郎口同样是媒体追踪的热点。这一年，杜郎口中学校长崔其升和他的学生走进了中央电视台《小崔说事》录制现场。中共中央政治局委员、国务委员刘延东一行视察了杜郎口中学，并对杜郎口中学的课堂教学给予了肯定。

我们说，杜郎口是中国基础教育课堂教学改革的一个标志性符号，她贡献了很多教育思想和教育智慧。那么，今天的杜郎口又发展了什么？杜郎口人在关注什么？杜郎口靠什么继续她的发展？这些都值得细细品读。

在过去的一年里，我们发现，作为杜郎口的掌门人——崔其升一直在强调与"人"有关的教育主题。在崔其升的教育言说中，谈得更多的是"尊重"和"尊严"。在他看来，让学生在课堂上赢得尊重比什么都重要。他常说，"课改不是意味着教学成绩的提升，而意味着教育工作者的人生和命运"。"我觉得教育的本质不是学生学了多少知识，考了多少分数，而是积极进取、勇于探索、超越自我等内心品质能够被激发。这些才对学生的终身发展起关键作用"。他认为，学校及教师首先要有正气，工作就是人品，表现就是道德。不能把工作视为一种养家糊口的职业，工作其实是人格的写照，是品行的一种反衬。把工作上升到一种做人、修养、品格，这才是抓住了根本。教师只有在做人上加强修养，反复地去推敲、思考、提炼，形成高尚的道德功底，那么做事时就能将低俗的趣味摒弃殆尽，无私无悔。

一切基于人，关注人，把做人放在了学校教育的核心位置。我想这不是崔其升在刻意地故弄玄虚，而是他追求的一种境界，更是杜郎口发展的需要。

"讲与不讲"是个伪问题吗

在过去的一年里，《中国教师报》先后推出了成都武侯实验中学校长李镇西和北京十一学校特级教师王春易两个"课改人物"。

《中国教师报》2011年第二期以《李镇西突破》为题推出了特别报道，9月份，又以《王春易：从讲到不讲的华丽嬗变》为题，推出了王春易的教学转型案例。关注王春易的不仅仅是《中国教师报》，同时关注她的还有《中国教育报》、《人民教育》、《基础教育课程》等全国主流教育专业媒体。

无论是李镇西还是王春易，他们都曾经是在课堂上"口吐莲花"、深受学生欢迎和一线教师追捧的名师，名师之"名"都指向于"讲得精彩"，"讲得精彩"让他们赢得了无数荣誉。但是在新一轮的课堂教学改革中，他们都"弃教从导"，竭力"控制自己的嘴巴"，经历了各自职业生涯的一次蝶变，率先成为新课堂的践行者和建设者。名师一旦过于相信"讲"的力量，就可能对学生的学习力造成破坏。但是，实践中有太多的人过于迷信"讲"。

在新课堂建设中，李镇西和王春易敢于从头再来，让教师的"教"真正服务于学生的"学"，这是一种胆识，更是一种必然选择。他们转型的主题都基于"讲与不讲"。从"讲"到"不讲"，李镇西和王春易完成了他们教育思想和教学行为中最为重要的嬗变。

在很多人看来，"讲与不讲"可能是伪问题，或者说，"讲与不讲"本不是个问题。但是，正是这个无需选择和争辩的常识，却直击了课堂教学的本质。

李镇西和王春易的转型传递出一种课改判断：讲明白了，并不意味着学生听明白了，听明白了并不意味着学明白了。同时也告诉我们，并不是那些低效的课要改，不是那些薄弱学校要改，而是那些以教师自我为中心的课都要改。因为这样的课是以牺牲学生的利益为基础的。

课堂最终走向哪里

课堂改革的繁荣景象，让学校教育呈现了新的生机和活力。面对实践领域如火如荼的课堂改革，课改人需要厘清的是：课堂改革的下一步如何走？课堂最终要走向哪里？国家督学成尚荣曾撰文说，课改要"回到这里"，回到人的发展上。它超越了知识，更超越了分数，它让学生真正像学生，让教师真正像教师，让师生拥有生命，拥有思想，拥有智慧，拥有个性。当回到人自身发展的时候，课改包括整个教育就有了神圣和幸福可言，就会永远奔向那明亮的远方。

这样的追问在一些课改学校同样得到了回应。2011年10月26日，《中国教师报》以"课道"为题报道了安徽铜陵铜都双语学校的课堂教学改革。该校提出了"课道"一词，"课道"概念的诞生把课改所倡导的文化主张都表达出来了。他们把课堂教学提升为"道"，我们认为这对中国教育是一大贡献，意味着课堂教学对"术"的超越，意味着课堂改革要追求顶层设计，要有全新的文化追求。

在《中国教师报》推出的《县中新象》特别报道中，陕西宜川中学副校长蒋永升对未来课堂做了这样的描述：未来的课堂必将是一个学习共同体，是一个知识的凝聚场、生成场和创造场。教师在课堂上，是为每一位学生的自主成长创造环境、条件和生态的那个人，而非知识的贩卖者；未来的课堂将是以学生和教师为核心的双主体课堂，是交互式双重中心模式，学生的自主参与体验构成课堂主体中心，教师的引导点拨提升构成课堂主导中心，两个中心交互式动态影响，构成交互式师生双中心自主课堂。学生和教师将在双向互动、双向交流、双向影响中共同享受成功的快乐和自身能力的成长。未来的课堂将会出现多种形式构建课堂，多种渠道生成知识，多种层次成就学生的局面，每一位师生都将获得有效发展和自然成长。

高中是课改的"雷区"吗

高中一直是课改的"雷区"。升学率犹如悬在高中校长头上的一把达摩克利斯之剑，使得校长们不敢轻易触动高中课堂。

今天，我们不缺乏话语上的批判与对抗，但缺少行动和实践层面的建设。我们都知道高中教育存在问题，但是很少有人愿意站出来改变，在升学率这个强大的社会压力面前，每一个人都可能选择"明哲保身"，都可能选择"退而求其次"。升学率更像肿瘤一样时刻威胁着教育的整个肌体。以至于有越来越多的人疾呼：高中这一课改堡垒何时才能被攻破？

值得欣慰的是，每一个领域总有一些敢吃螃蟹者。在过去的一年里，陕西宜川中学、湖北宜昌一中等高中课改学校通过本报走进了读者视野。

宜川中学作为一所"县中"，冲破重重课改障碍，致力于打造一所适宜学生学习、成长的学校。校长孙明贤把办学的追求定位于"明校"而非"名校"。"名校"是一时的，而"明校"则是恒久的。所谓"明校"，孙明贤的解释是，"一所学校首先要明白要做什么样的教育，要培养什么样的人，要思考是对学生的一时负责，还是对学生的终身负责。当学生离开学校的时候，带走的不仅仅是分数，还有比分数更重要的幸福的能力和美好的记忆"。

"明校"，不只为学生的当下负责，更要为学生明天负责——做面向明天的教育。"明校"，需要的不是名师，而是"明师"——做明白的教育，上明白的课。正是源于这样的思考，"打造自主明校，引领教育方向"这一追求被置于学校教学楼最醒目的位置。孙明贤希望每一位关注宜川中学的人都能真正读懂，"名校"首先应该是"明校"。

高中教育的使命是什么？高中教育的"教育"二字应该怎样书写？15年来，宜昌一中拒绝应试，禁止补课，用行动诠释了高中教育回到原点再出发的路径选择。宜昌一中为什么坚决不搞应试？他们捍卫了哪些常识？2011年12月21日，《中国教师报》以"一所对抗'应试'的高中"为题报道了湖北宜昌一中15年的素质教育探索历程。校长陶三发说，"15年，宜昌一中只做了一件事，那就是素质教育"。关于素质教育，陶三发有一段精辟的论述：素质教育应该是一种"有限教育"，它不仅表现在以保证学生全面发展为价值取向的课程的全面与丰富，还表现在它应是一种有限的教育，适度的教育。应试教育就其所占时间而言是一种无限教育——无休止的补课和大容量的作业填满了学生所有的时间；而素质教育就是要把学生从这种完全被动的困境中解放出来，以占用有限的教学时间还学生以主动学习无限发展的主人翁地位。有限的课堂联系着无限的教育天地，无限的课堂则禁锢学生于有限的教育空间。

这样的课改高中用实践和行动回应了"课改到底是否会牺牲升学率"的疑问，回应了高中教育应该追求的办学使命。

为什么课堂创新力不足

与课堂改革繁荣景象对应的是，课堂教学的创新力严重不足。综观当下的课堂改革，课堂流程的同构化、同质化现象，学校层面的复制粘贴现象堪忧。

缺乏创新力的原因有很多，而学校管理者的"学术垄断""学术霸权"是造成一线教师创新力严重缺失的重要原因之一。没有自主就没有创新。我们让学生成为能够自主发展的人，那么，教师同样要成为一个能够自主发展的人。换句话说，今天我们追求的诉诸学生发展的一切理念都可以运用于教师的发展。我们常常说教师目中无人，那么我们的学校管理者是否眼中有教师？是否能够真正尊重教师、读懂教师？正像我们通常所说，课改是让"要我学"变为"我要学"一样，课改同样要让教师变"要我改"为"我要改"，正像我们要放手让学生学一样，学校管理者也要放手让教师创新教学，这才是课堂教学改革不竭的动力源。

新的一年里，我们期待学校里教师发展"自组织"能够批量出现，我们期待学校课改能深深地打上"自主"的烙印，让一线教师从"被改革"中解放出来，让课改真正实现自上而下的与自下而上的联动和呼应。

课堂改革缺乏创新力的另一个原因是，不同经验和学术流派之间缺乏合作、共享，缺乏相互了解和认识。今天的课堂是各种理念和方法的试验场，需要警惕的是，课堂改革的"山头主义"阻隔了不同经验和学术流派之间的对话交流。

新的一年里，我们期待不同的经验、不同的学术流派能走向对话与共商，走向合作和共享，由此，课堂改革将更加繁荣。

2012 课改"预言"

2012 年，课改的趋势是什么？课堂将走向哪里？教师如何实现"学生为本"、"师德为先"、"能力为重"、"终身学习"的教师专业标准的基本要求，教师的"教"如何更好地服务于学生的"学"……种种问题在哪里找到答案？只有到一线，到课堂。这也正是《中国教师报·现代课堂周刊》定位于"引领课改、贴近课堂"的原因所在。

课改，需要实践，也需要引领，从课程专家到师范院校校长，从名教师到教研员，他们都有可能是课程改革的专业引领者。走近李炳亭、杜金山、于春祥、李平，听他们讲述 2012 年的新课改、新课堂、新教师。

2012 教师角色年

□李炳亭

预言将要发生的，实属冒险。连续两年，我都曾大着胆子对中国的课改走势作过预判。2010 年，我预言中国课改将走进"模式年"；2011 年，我的预测是"学生主体年"。其实所谓预言只不过是一种基于某些经验和观察的个人判断，当然不具备纲领性的指导特质，最多只能算作一种思考性提示。

我预言：2012 年，中国课改将步入"教师角色年"。

课改呈现什么规律

新课程改革推进十年，可谓成效显著，它至少直击和试图解决三大问题。一是教师教育教学观念的问题，教师不再是知识的"搬运工"和"灌输者"，学生主体、教师主导，教师如何做才是主导？二是基本厘清了教学关系，是教服务于学，还是学服务于教？如果说杜郎口中学是变"教中心"为"学中心"的典范，那么，它的启发至少体现在要"少教多学"，甚至是"先学后'教'"。"教"的不情愿"退出"，是否意味着传统课堂已完成最后的绝唱呢？不尽然，我们只能无奈地说，传统灌输式的课堂依然占据主流，而且越是"名校"、"名师"，越固执地坚守，课改在中国虽然方向明确，却仍旧任重道远。三是大多数学校都从未像今天这样如此高度关注课堂教学。当"课改"变成一种国家意志之后，"课堂"将在未来很多年里成为一个"热词"。

课改到底要如何走？有没有经验和规律可循？回答是"有"，而且是一条必由"铁律"——"课改四部曲"。简单概括为：第一步，理念变观念；第二步，观念变方法；第三步，方法变文化；第四步，文化变信仰。这"四步"的价值和意义在于，它涵括了教育的"人本"属性，遵循了"学生自主"的学习、成长规律，解决了学习动力培植的难题，达到了素质教育追求的育人目的，纠正了很多人对课改片面甚至错误的认识。课改到底改什么？课改是改良吗？不，课改是改革和再造，是改变以"控制"为主的教育教学思想，课改说穿了就是放手，就是点燃、激励、唤

醒。教育终究是一种"信仰"，基于当下现实教育的问题，我们可以把
"信仰"解读为"以人为本、尊重生命"，而在具体的办学理念上，教育
应该遵循的是"教师为本、学生第一"，我们甚至还可以换成另外的一种
说法——发展学生，成就教师，再通俗一点可表达为"通过发展学生，
从而成就教师"。

理念终究要呈现为一种方式方法。细数方式方法的演变，其大致的
脉络是：从对"教中心"的盲目膜拜，到以"有效教学"探索为载体的
对教的质疑，再到以"学中心"为支撑的高效课堂的推崇；从对学习者
的强制灌输，到教学环节的尝试性开放与对话，再到学习者自主思考的
实践探索；从考什么教什么的功利驱使，到"一切为了学生"的浮夸性
教育思考，再到追求"知识的超市、生命的狂欢"；从把学习者单纯作为
被动的受教育者，到视学生为"产品"，视学生为最重要的教育教学资
源，基于成长者的权益和尊严给予高度关注。这时候，教育的概念已发
生了质的变化。

课到底应该怎么上？"实操性"如何成为对课改学校的最大考验。近
几年来，模式的竞相建构并非为了赶时髦，而是课改发展的过程使然，
但具有争议的是模式的建构思想，它到底是应该基于教还是基于学？我
们能否找到适合每个学科的通用模式？模式的背后是什么？从"模式"
建构，到关于学习者"主体"的研究，再到"教师角色"的深层辨析，
课改就这样逐步深入、拨云见日。

课堂的背后是什么

关于模式的建构，一般有两种思路。一种基于学科本身，一种基于
教学对象。如果说前一种依然是围绕"教"而谋，后一种显然是围绕

"学"而做。那么，什么是学习，学习的规律是什么，则成为"目中有人"和"目中无人"两种教育的分野。教师必须清楚，好课永远都是"学生的课"，而非"教师的课"，是"学的课"，而不是"教的课"。课堂的背后是什么？是教师对教育的理解，是对学生成长方式的认识，是教师的人性、道德和思想。

对"人本"教育者而言，他们主张教育应该"从儿童出发"——儿童有两大天性，即好奇心和展示欲。按照马斯洛的"需要层次理论"，教师应尽可能满足儿童的自主、主动、创造的天性，而前提当然是"发现儿童"，因而教师这个职业甚至可以概括为"儿童发现者"，他应该把全部的身心花在"认识学生"上。

当我们说学习即体验、成长即经历时，教师要建立基于学习对象的三个基本常识：第一，学生即"在学中生"，离开了"学"，谈何"生"；第二，一切的学习都是自学，当然"自学"是自主学习的简称，它包括三种学习方式，即独学、对学、组学（群学），合起来为自学；第三，学生是课堂教学最重要、最主要的资源，而教师被视作"第51名学生"。

在新的课改背景下，教师应该真正理解课堂的"新教育学"概念。课堂是一个学习场，是知识、能力、情感、智慧受孕的"子宫"，是展现生存、生活、生命状态的舞台，是一种全新的生命时空概念。教师要敢于营造这个"场"。教师还应有能力让学习和成长无处不在、随时发生，"凡是有学习发生的地方都叫课堂"。

教师需要什么样的教育教学思想支撑？相信学生，解放学生，利用学生，发展学生。相信学生是"新师德"；解放学生是教师毕生的使命，解放时间、身体，解放思想，解放创造；利用学生就是时刻牢记学生是天生的学习者，是最重要的教育教学资源，是一个能够成功、积极向上、敢于进取的人。其实，教师的教育教学艺术都不该是讲得如何、是否精彩，而应该体现在调动、利用、唤醒学生的学习成长上，"利用"从来不应是一个贬义词，而是教师教育水平高低的天平；发展学生，是教育教学的本意和旨归。

第一个教师是谁

课堂教学必然会向着"自学"一路狂飙。岁末，有一个课堂"事件"值得关注——江苏昆山前景教育集团，突然推出了一个新的课型："一拖四课堂"。所谓"一拖四"，即一名教师同时上4个班级的课。"一拖四"注定会遭遇到争议，就像当初的杜郎口中学。有人讲，这是课改的"大跃进"，而该校董事长张雷却"固执"地以为，教师就是个"看菜园的人"，在他看来，学生就是自然生长的"青菜"！

前景教育集团的探索，意味着对教育教学认知的挑战，甚至是对新课改"教师主导"的颠覆。它引发的思考是：如果没有教师，课堂会怎么样？

无独有偶，山西省新绛中学和陕西省宜川中学，两所学校不约而同地取消了每天下午的"正课"而改为任由学生自习。同为课改人的山西省教育厅副厅长张卓玉，曾经在自己的教育专著《第二次教育革命是否可能》里大胆设疑：假如取消了学校会怎样？如果你认为教不可替代，那么，第一个教师是谁教出来的？在前景教育集团，为了保障学生的学习和成长权益，该校还出台了《学生学习法》、《学生生活法》、《学生成长法》三部"法典"，用"法"来划界保护，这至少不失为一次有益的尝试。前景教育集团追求的至高学习境界叫"无师自通"。这个"自"既是"自己"，更是"同伴"，他们信奉——有困难，找同伴。

新教师是什么角色

2011 年,《中国教师报》提出 "四新":新教师、新课堂、新学校、新学生。"新教师" 承载着教育振兴和民族复兴的重任。新教师要树立 "三观":"人学" 的教育观;"以学评教" 乃至 "以学评 '学'" 的教学观;学生是第一教学资源的学生观。

我们必须明确甚至加以界定教师的角色和作用。尽管这个问题很有挑战性,但如果划不清界限、分不清权益,主体和主导仍然会纠缠不清。我是这样理解和表述的,姑且称之为 "二八理论":教师 80% 的作用是点燃、激励、唤醒,教师 20% 的作用是课堂流程的操作。

点燃什么,激励什么,又唤醒什么?学习的动力、兴趣、目标,乃至人成长的 "精神系统"。教师必须正视 "组织" 的存在,即小组组织和班级组织,当我们形象地表述 "好学校是一方池塘" 时,那么,小组和班级同样应成为 "小池塘",其实,每个学生也应该成为 "池塘",让池塘里有鱼、两栖动物、水鸟、水生植物。教师是点燃学生的火种,而学生应该是干柴,教师必须明白,熊熊燃烧的正是柴火——也就是学生本身。

当我们说教育即信仰时,教师应该首先成为一个信仰者或者传播信仰的人。教师的基本准则是富有人性,其次是热爱学生,再其次是具备一定的专业技能。我们必须走出对知识权威的盲目迷信,去 "苛求" 教师的人性、人格、道德、信仰、责任!

而需要教师掌握的课堂教学流程,它不是 "教设计" 的流程,而是从 "学规律" 出发,基于学习对象的学习认知规律的总结。教师需要将学生 "带入" 学习情境,然后任由学生去 "体验" 和交换体验,再慢慢在"经验"中感受"成长"。依据这样的"学规律"，好的课堂应该具有这样的基本流程，即自学—展示—反馈。如果非要谈一点技术，我愿意把新教师应掌握的那点东西，概括为"五个一"：编制一个导学案；构建一个学习组织；给予学生一个学法；设计一个课堂流程；明确一个学习任务。此外，无他！

（作者系中国教师报总编辑助理、编辑部主任）

引爆课堂"核聚变"

□于春祥

新课堂作为新课改课堂核心的突破口，其"核聚变"的能量正在日趋强大。继全国课改"九大教学范式"之后，2012年《中国教师报》将再度推出新的"九大教学范式"，为深化新课改提供更多的典型和样板。作为一名课改人，如何正确认识新课堂的增长点，进一步明确目标和责任，进而整合全国课改人的智慧和力量，借龙年运势，让新课堂龙行天下？在我看来，2012年新课堂有以下增长点。

新课改呼唤新学校文化

亲爱的朋友，不管你是校长还是教师，请回答我一个问题："你能用一个关键词，或者一句话概括学校的文化吗？"如果你有答案，那就恭喜你了。请再进行下面升级性的对照。你的概括普适吗？经典吗？凝练吗？独特吗？如果你的概括同时能够满足以上相关学校文化的"四项全能"，那样，你的学校就可能是有文化的。之所以说"可能有"，是因为，文化不仅仅是一些概念和口号，文化更是一种行为模式，从学校广大师生的日常行为习惯中自然流淌出来。

关于学校文化，我们不妨从一首小诗中得到启发。"生命诚可贵，爱情价更高，若为自由故，两者皆可抛。"一言以蔽之，学校文化就是需要回答："若为'什么'故，一切皆可抛。""什么"两个字，好辛苦！

文化承载的是学校的核心价值观。观察一批课改实验校，学校文化的缺失、学校文化与课改文化的不对称，是制约新课堂深化的主要矛盾之一。作为中国教师报的特聘专家，由于工作的关系，笔者去过全国100多所学校，在调研中发现有些学校时常被上述矛盾所困扰。诸如，课改与地域、学校管理政策的冲撞；课改与教师培训内容和方式的不协调；课改与地域、学校评价体系的脱节等，这些都反映了学校文化创建的紧迫性。所以，我们倡导，2012年学校应当加强学校文化的建设。学校有了文化，才能确保课改走向深化。

那么，究竟如何创建基于新课改的新学校文化？大凡进入课改的学校，都会思考一个问题，高效课堂的"魂"究竟是什么？当接连碰壁、思而不得的时候，他们终于明白课改是个系统工程，就课堂而课堂一定不会有新课堂。课堂的"灵魂"，必须依附学校的"灵魂"。学校文化创建工程应该自下而上启动，走"学校文化品牌化，品牌打造项目化，项目落实常规化"的科学发展之路。

新课堂呼唤新教师素养

作为全国课改排头兵的杜郎口中学，由于历史的原因，当初的确是基于教师素质低下，"教不了"，或者"教不好"而开始课改的。但是，我们不得不认可杜郎口的智慧恰恰在于，学校紧紧抓住课改这一牛鼻子，大打教师专业素养翻身仗，培养出了一大批课改名师。因而，必须避免一种错误倾向的蔓延——课改成败与教师素养高低相关。其实，当课改进入"以学为主"的时候，我们应该从另一个角度，重新审视和看待教师的素养。

新课堂呼唤新教师素养。结合教育部最近颁发的中小学教师专业标准（试行），结合课改实际，从理念和实践相结合的视角来看，作为一个新教师需要致力于"三个重建"，突破"三个瓶颈"。

"三个重建"。一要重建职业道德观。我一直推崇"道"即是"德"的观点。回归道德的原点，回归道德的本质，就要回归教育规律，回归学生身心发展的规律，回归课堂教学规律，回归学科知识建构规律。遵循教学规律是最高的道德。

二要重建专业知识结构。如何实现已有的相对宏观的专业知识背景与具体学段的、学科课程的整合，沟通不同年级之间、不同学段之间学科知识的结构性关联，清晰把握学科知识的来龙去脉，甚至是跨学科的知识综合，这些都是新教师面临的重要任务。

三要重建新课堂教学模式。从课堂教学规律的层面来思考，新课堂教学模式可用"以学定教"来概括。构成要素包括：自主、合作、探究、快乐、高效。具体展开可以有不同的样式。

需要特别说明的是，传统的思维方式，习惯于将"教"和"学"看成是两件事，容易走极端。新课堂主张，在课堂教学的情境中，"教"和"学"是一件事。强调"学"的时候，需要追问"教"的存在。需要"教"的时候，就要追问"学"的需要。新课堂不讳言对"高效"的追求，但它追求的是基于"自主、合作、探究、快乐"上的高效。

"三个瓶颈"。一是课堂生成的瓶颈。新课堂的瓶颈在生成，新课堂的精彩在生成。亲爱的老师，当你面对课堂上众多的展示资源的时候，你是习惯于引领学生进行是非评价，还是追问不舍："你还能再精炼一点吗？""你还能再深刻一些吗？""你还能多一种见解吗？"课堂最宝贵的是生成。课堂生成的缺失，就是智慧的缺失，就是创新的缺失，就是精彩的缺失。突破课堂生成的瓶颈，需要强化生成意识，注重生成方法，历练生成智慧。

二是课堂拓展的瓶颈。这里说的课堂拓展，不仅仅指一般意义上的学与练的延伸，而是更关注学与用的整合；关注知识、智慧、人格的升华；关注课堂知识与生活、社会、时代的联系。

三是专业成长的瓶颈。专业成长的瓶颈集中体现在专业反思、专业阅读、专业写作三个方面。专业反思能力的核心是要逐步形成批判性思维品质，在不断的批判和否定过程中，追求教学的日臻完善。专业阅读要把一般意义上的阅读计划升级为专业阅读课程。充分利用图书阅读、网络阅读、音像阅读等形式不断丰富自身的专业素养。专业写作，不一定是去写一些大论文，而是要坚持从记录教育教学的点点滴滴开始，把教育教学现象当做研究的资源，最基本的要求是，开个博客或者微博，哪怕每天只写一句话。作为新教师的标志，博客似乎必不可少。因为，有博客未必是一个新教师，但是，在这样一个信息化时代，没有博客一定不是新教师。

新课堂呼唤内涵式发展

纵观全国的课改，有一个现象值得我们深思：许多课改名校的成功，在一定程度上是靠"吃模式转型的红利"。必须承认，在传统的"以教为主"的课堂教学中，"学"的生产力受到严重的抑制和挤压，"以学为主"课堂模式的转型，使"学"的生产力得到极大的解放。"学的生产力"的解放，带来了课堂效率的不断提高。这就是课改经济学的必然逻辑。美国教育家杜威曾这样说："正像没有买主就没有销售一样，除非有人学习，不然就没有教学。"

面对"模式转型红利"这一概念，蓦然生出一点遗憾、一点担忧。遗憾的是，就全国而言，依然还有千千万万的学校和教师缺乏课改自觉，眼睁睁地将"模式转型红利"弃之一边，任新时代的课堂上"重复着昨天的故事"，心头不觉掠起丝丝悲凉！令人担忧的是，已经进入课改的学校，当"吃完模式转型的红利"之后，又应该怎么办？

走内涵式发展道路是我们唯一的选择。走内涵式发展道路，要立足于新课堂的学科化，在课堂上彰显学科魅力。文有文的道，理有理的理。必须摒弃课堂的试题化倾向，回归基于问题解决的探索与发现。一旦课堂上充斥着试题的功利，学科魅力就会被淹没。诸如，语文课朗朗书声的缺席，数学课数学思想、数学方法的缺位，科学课操作实验的省略等，这些现象都应该引起我们的高度警惕。谁英雄，谁好汉，学科魅力比比看。

走内涵式发展道路，要敢于进行技术创新。我曾经写过一篇《"3G"技术突破与"三学"升级》的文章，希望实验校积极参与高效阅读、高效记忆、高效表达培训课程的开发，大胆进行课堂技术创新，让新技术扮靓新课堂。

走内涵式发展道路，要精心打磨课堂细节，让课堂细节的完美，成就新课堂的完美。到学校调研，我已经养成一个习惯，巡课班班到，细节看高效。每每发现高效的细节，都会用影像加以收藏。细节打磨就要增强课堂的科研含量，确保每一个环节都是精品。亲爱的老师，你不妨尝试运用点思、点研、点评、点创的"点点微课研究法"，让你的课堂每天提升"一点点"。

（作者系中国教师报特聘专家）

课堂中的点火与灭火

□李　平

这里说的"火"，是指生命之火、智慧之火。

早在 2005 年我校课改之初，杜金山校长就说："有人标榜自己的课堂纪律很好，非常安静，这种安静，说白了，是坟墓般的安静，学生都处在'死'的状态，只有你一个人在讲'鬼话'而已。"传统课堂根本就没有对生命的关注，漠视生命，谈何点燃生命？传统课堂的教师自然也就没有点火与灭火的概念。

传统课堂中的教师是课堂的权威、霸主和知识的占有者，教师表述的问题，只有一种结论即"正确"的结论。这种生吞活剥的学习，只驱动了知识的传递，根本不会形成智慧。所以，陶行知先生发出"死"课堂、"死"学生的感叹！没有智慧的知识占有者，不过是两条腿的书架，一旦进入生活，百无一用。

学习探究知识是人的天性之一，但是，这种天性一旦进入了学校这个探究学习的密集场所，仅靠天性所储存的那点能量，是不足于满足长期消耗的。可怕的是，传统课堂里的教师意识不到这一点，学生一旦出现倦怠、分心走神，往往用外力强制拉回。这样，一是效果有限，学生往往身在曹营心在汉，二是，长期身心异处，所承受的不良心理情感体验，对其人格的伤害，危害更大，这是我国学生普遍厌学的重要原因之一。

　　高效课堂要求教师把"传道、授业、解惑"置后，把"点燃、激励、启蒙"置前——解决课堂动力问题后，再去传道、授业、解惑才可能是高效的；在生命状态下的传道授业，才可能生发真正的智慧，实现这个民族的启蒙。所以，高效课堂，要求教师要关注两个维度，第一是生命，第二才是知识。只有当生命和知识真正融会后，知识才会转化为智慧。关注了生命状态，不断地点燃，就是在学生天然探究欲望之火种上，不断地添柴加油，让生命之火越烧越旺。要解决学习的内动力问题，而动力就来自学生的生命之火。关注生命，点燃激情，就是给学生注入能量，变要我学为我要学，变痛苦学为快乐学，变低效学为高效学。

　　高效课堂，把探究的权利还给学生，学生在教师的帮助下，高效"重走"知识的"发现"之旅。在这样的过程中，旧知与新知、不同个体间的认知冲突自然而然地发生，有冲突，才会有学习、有发展。这样的知识，是伴随着生命成长过程的，是"经历"后获取的。燃烧的生命让知识有温度、有味道和能量，知识与生命的结合，才能点燃智慧之火！让我们的学生成为有智慧的人，成为能自我发展、自我创新、自我超越的人。

　　大家可能没有想到，高效课堂，有时也需要灭火。两个维度，相得益彰，才可以高效实现目标，一旦偏颇，要么回到传统，要么华而不实。有些老师的课堂，看起来火爆，但是效果不佳，原因就在于没有很好地处理两者的关系。什么时候灭火？怎样灭火？是很有讲究的，搞不好要么课堂失控，要么挫伤学生积极性。

　　首先要厘清生命与知识的关系。在教育意义上，生命目标是第一位的，知识目标是第二位的；在每一节课上，则是相反的。在每一节课上，生命狂欢要为知识落实服务，所以，学习目标的达成是第一位的，而目标达成的进度是刚性的，不能违背。所以，一方面满足目标需求后，多余的火力就要灭掉。再者，具体到每个问题的展示、对抗、质疑中，当双方即将由理性进入感性状态（即为了争论而争论）时，教师就要及时灭火。调控火候、及时灭火也是教师对课堂的主导途径之一。一节节对生命关注的课堂，成就了生命的旺盛——知识多数是过客，生命，才是长久的伴随。

其次，要把握好灭火的时机和方式。这个问题我在《精讲点拨：在困顿中守望生成》（见《中国教师报》2010 年第 18 期）一文中有详细论述。

高效课堂的点火、灭火，既是技术，更是艺术。技术，可以传授，是效果的基础性保证；艺术，却只能体会，它带有极强的主体属性，每个身处高效课堂的教师，都要细品其中味，潇洒课堂行，让课堂燃烧不失控，让生命温润在教育中。

（作者系山东省兖州一中语文教研组长）

对话杜金山

认识教师的"相"

郭瑞：对于《中国教师报》"预言"的"教师角色年"，您怎么看？您如何理解新课堂中的教师角色和作用？

杜金山：课改千难万难，改变教师身份是第一难！考量课改是否成功，其实很简单，就看我们的教师在课改中是否实现了身份转变。《中国教师报》瞄向教师角色，不仅按住了课改的任督二脉，也揪住了中国文化的命根子。推动课改这些年，我逐渐意识到，中国课改其实就是改文化，而改文化，首先必须明确中国文化的特征。关于中国文化，我非常赞同一位大家的说法，他说，如果用一个字描述中国文化，这个字应该是"相"。相与人的身份、地位和作用息息相关，身份、地位又形成了决定大千世界林林总总矛盾统一体的最基本关系。身份、角色转变，推动的是文化转变，所以，这是根本性的。

转就是变，可要转到哪里去呢？我以为，第一是转到师生平等上去，即教师蹲下来、学生立起来，有了平等民主的师生关系，才会有现代课堂所需要的融洽的教学关系。第二是师生都要从角色（相）中走出来，以教师之真我与学生之真我直接面对。真人教（学），教（学）真人，师生共同做真人、成真人，这才是千教（学）万教（学）所追求的最高境界。

关于新教师在新课堂中的作用，我曾这样描述：点燃、激励、启蒙、传道、授业、解惑。当时我意识到，造成中国课堂效益低、监狱化的根本原因是我们把成人世界的东西简单地移植到了未成年人的世界中，我们天真地认为，对理想的追求，对父母、老师的感恩，对未来成功的渴望和对失败的恐惧等，这就足以解决学生发展的内动力问题了。其实，我们的学生很少有人能成为周恩来那样的伟人，必须承认：学生发展内动力不足是常态的，必须成为所有教师关注和解决的第一课题。内动力如何持续地产生，更需要遵循学生的天性，更需要真正把学生当做当下的人来看待，而不能靠成人世界极其功利的价值观来解决。

关注课改的"人到四十"现象

郭瑞：如何突破一些传统名师仍旧用思维和语言霸占课堂的现象？

杜金山：在课改中，我深刻体会和遭遇了"人到四十"这一奇特现象。借用最近热播的这部电视剧中人生阅历极其丰富却又常常被生活搞得焦头烂额的李长江的一句台词：我现在是明白了，所谓四十不惑，就是到了四十，什么都搞不明白了！这搞不明白的人，是可能自动改革的人，可惜是少数人，而那些真的感觉自己"不惑"的人，则可能成为改革的最大阻力。所以，我曾大声呼吁，一定要关注课改的四十岁现象。

如何突破？第一是想办法唤醒"不惑人"，想办法给他安上"第三只眼"，让他们能够以纯粹理性之眼光站在自己的外面，去审视自己的教学，用事实证明，他们的"不惑"其实是不明，让这些所谓的名师先成为"明师"。为此，我搞过"三率"调查，用事实告诉"不惑"人，你做的效果与你以为的相去甚远。第二是建立新的标准，用新标准去引领这些"不惑"人。新标准是基于学生和学习的，正像李炳亭所谈的，今天的教师必须要搞清楚：什么是学生？什么是同学？什么是学习？什么是资源？什么是好课？怎样的老师才是真正的好老师？第三是对传统课堂进行理性剖析，这是对迷局中人的启蒙。第四是告诉他们课改的"不二法门"在哪里，带入、体验……慢慢自动自发……

教师主导走向何处

郭瑞：新课改特别强调学生的主体作用，因此，有的人认为，未来课堂教学的趋势应当是教师研究学生如何学好，教师以帮助学生总结提炼学习方法为主，教师主导的概念将越来越淡化。打个比方，课堂就像图书馆，那里没有老师在场，学生进行自主学习。您对此怎么看？

杜金山：传统上，我们把学习分成两种状态，即第一学习态和第二学习态。第一学习态是目的性极强，有组织、有纪律、有控制、有检测、有奖惩的，传统课堂、传统学校，是比较典型的第一学习态；第二学习态虽也有目的，但不是很聚焦，主要是为了丰富自己，发展自己，他没有组织、控制、检测、奖惩，完全是一种自发行为。真正的学习型人才，是具有强大的第二学习态习惯和能力的人。其实，我创立的循环大课堂，就是试图把两种学习态统一起来，在第一学习态中尽可能地引进第二学习态，而在传统的第二学习态中，又让部分学生充当教师，借鉴第一学习态，最后，慢慢实现两态的高度统一——变被动学习为主动探究，提高学习的兴趣；善于独学、对学和群学，借助团队动力，给自己的学习注入力量，这样的学生，才会真正成为学习型人才。

教师的主导作用在第一学习态是必需的，但是，主导的方式一定要改变，从外铄走向内生、从显性走向隐性、从纠错、校正走向引领和自我发现。这一切的最终目的，就是让学生成为"活"的学生。

课堂中体现教师标准

郭瑞：前不久教育部出台了《教师专业标准（试行）》，今年，我们《中国教师报·现代课堂周刊》也将围绕中小学教师专业标准策划"教师标准与新课堂"的系列选题。我们想了解，您如何理解教师标准在课堂教学中的体现？在新课程改革语境中，您对好教师的标准又如何界定？

杜金山：毫无疑问，好教师的标准应该更多地体现在课堂中，因为，课堂是师生相处最长、交流最多、感受最深、认知冲突最为激烈的场所。但是，校园和社区，也是可以体现好教师标准的地方，所以，我在兖州一中时这样提醒老师：无论在哪里，当您面对学生或者家长的时候，教育就开始了。

关于好教师的标准，我是这样认为的：

第一，好教师要有教育信仰。把孩子交给一个只想挣钱、吃饭的老师是极其危险的；把孩子交给一个只会尽职尽责的老师，也不理想，因为，孩子可能被塑造成一台机器；只有把孩子交给一个有教育信仰的老师，他才能成为人。

第二，好教师必须有责任心、包容心。责任心——教师的手里握着民族的未来；教师有多大的胸怀，学生就有多大的舞台。包容心——学校和教室是学生"犯错误"的地方，学生必须有批判精神，学生应该是敢于挑战权威的群体。

第三，好教师眼里必须有人。每个人都是平等的人，每个人都是不同的、有差异的人，每个人都是不可替代的人。

第四，好教师必须有团队精神。孩子从家庭到学校，从低年级到高年级，从一个学科到综合发展，教育，是团队的事业。

第五，好教师有丰厚、扎实的专业素养。丰厚，指的是一个人成长所需要的全部，这里包括法律法规的、政策制度的、教育学、心理学、社会学的……扎实，指的是学科专业的扎实。

图书在版编目（CIP）数据

问道课堂Ⅱ：解读现代课堂常识与行动/郭瑞，梁恕俭
主编. —济南：山东文艺出版社，2012.4
ISBN 978－7－5329－3680－9

Ⅰ.①问… Ⅱ.①郭… ②梁… Ⅲ.①课堂教学—
教学研究—中小学 Ⅳ.①G632.421

中国版本图书馆 CIP 数据核字(2012)第 017003 号

问道课堂 Ⅱ

——解读现代课堂常识与行动

郭　瑞　梁恕俭　主编

主管部门	山东出版集团	
集团网址	www.sdpress.com.cn	
出版发行	山东文艺出版社	
社　　址	山东省济南市英雄山路 189 号	
邮　　编	250002	
网　　址	www.sdwypress.com	
读者服务	0531－82098776(总编室)	
	0531－82098775(发行部)	
电子邮箱	sdwy@sdpress.com.cn	
印　　刷	山东新华印刷厂	
开　　本	710×1000 毫米　1/16	
印　　张	17.5　插页/2	
字　　数	188 千字	
版　　次	2012 年 4 月第 1 版	
印　　次	2012 年 4 月第 1 次印刷	
书　　号	978－7－5329－3680－9	
定　　价	32.00 元	

发现教育智慧
助力教师专业化成长
致力于高效课堂模式的推广与应用
服务于"新教师"、"新课堂"、"新教育"

教育发现书系隆重推出

类　别	书　名	作　者
高效课堂	善待杜郎口——李镇西教学随笔	李镇西 著
	民主教育在课堂	李镇西 主编
	教育即道德	田保华 著
	杜郎口"旋风"（修订版）	李炳亭 著
	高效课堂22 条	李炳亭 著
	高效课堂九大"教学范式"	李炳亭 著
	我给传统课堂打0 分	李炳亭 著
	课改立场：一个区域教育的实践样本	李炳亭 褚清源 张志博 著
	高效课堂导学案设计	张海晨 李炳亭 著
	问道课堂：高效课堂理念与方法的26 个追问	李炳亭 褚清源 著
	问道课堂Ⅱ：解读现代课堂常识与行动	郭瑞 梁恕俭 主编
	发现高效课堂密码（修订版）	于春祥 著
	中国当代课改档案	李炳亭 洪湖 著
班主任修炼	发现班主任智慧：追求充满人性的教育	郭文红 著
	班级问题诊断	高影 编
	治班有招	高影 编
	治班有道	高影 编
	问题学生诊断	高影 编
校长修炼	活的教育	陶三发 著
	学校智道	褚清源 著
	校长之道	姚文俊 著
	学校管理智慧：教师成长	吴盈盈 编
	学校管理智慧：管的艺术	吴盈盈 编
	学校管理智慧：找到学校的魂	吴盈盈 编
	学校管理智慧：校长成长	吴盈盈 编

教育发现书系隆重推出

类　别	书　名	作　者
教师成长	师道：为师亦有道	马朝宏 主编
	蒋自立与自我教育	蒋自立 著
	李平老师讲语文	李平 著
	做幸福的老师	翟幸福 主编
	使人成为人	司家栋等 著
	课堂问题与争鸣	叶飞 编
	教师成长密码	叶飞 编
	问道中国教育：仰望教育的天空	雷振海 李炳亭 编
	问道中国教育：撬动教育的支点	雷振海 李炳亭 编
	问道中国教育：追寻教育的幸福	雷振海 李炳亭 编
	问道中国教育：改变教育的思维	雷振海 李炳亭 编
	问道中国教育：追溯教育的原点	雷振海 李炳亭 编
区域课改之殷都样板	殷都样板：小学低年级导学案点评	姚文俊 金耀林 主编
	殷都样板：小学英语导学案点评（3—6年级）	姚文俊 金耀林 主编
	殷都样板：小学数学导学案点评（3—6年级）	姚文俊 金耀林 主编
	殷都样板：小学语文导学案点评（3—6年级）	姚文俊 金耀林 主编
	殷都样板：中学导学案点评	姚文俊 金耀林 主编
	为了学生的学	姚文俊 金耀林 主编
	分数大变脸	姚文俊 金耀林 主编
	做智慧教师	姚文俊 金耀林 主编
	模式就是生产力	姚文俊 金耀林 主编
	"主体多元"在殷都	姚文俊 金耀林 主编

地　址：山东省济南市英雄山路189号山东文艺出版社　　　　邮　编：250002
购书热线：0531—82098775　　　　　　　　　　　　　　　投稿信箱：jiaoyufaxian@126.com
投稿热线：0531—82098789　　　　　　　　　　　　　　　读者交流QQ群：69362448